SOUVENIRS
l'Anne Frank

Lois Metzger

Texte français de Claudine Azoulay

Éditions
SCHOLASTIC

À Judy Livingston Moore et Tom Moore
— L.M.

RÉFÉRENCES PHOTOGRAPHIQUES

Couverture : (photo de classe) La Maison d'Anne Frank, Pays-Bas; (vue extérieure de la maison) United States Holocaust Memorial Museum, Washington (DC), États-Unis

Quatrième de couverture : (journal) La Maison d'Anne Frank, Pays-Bas

Encart : (par ordre d'apparition) Hulton/GETTY IMAGES; Hulton/GETTY IMAGES; Hulton/GETTY IMAGES; La Maison d'Anne Frank, Pays-Bas; Hulton/GETTY IMAGES; Bettmann/CORBIS; The Anne Frank Center, États-Unis; La Maison d'Anne Frank, Pays-Bas; La Maison d'Anne Frank, Pays-Bas; La Maison d'Anne Frank, Pays-Bas; AP/World Wide Photos

Tous les extraits des écrits publiés d'Anne Frank sont reproduits avec l'autorisation du ANNE FRANK-Fonds, Bâle, Suisse.

Catalogage avant publication de Bibliothèque et Archives Canada

Metzger, Lois
Souvenirs d'Anne Frank / Lois Metzger;
texte français de Claudine Azoulay.
Traduction de : Yours, Anne.
Pour les 9-12 ans.
ISBN 0-439-94817-7

1. Frank, Anne, 1929-1945--Ouvrages pour la jeunesse.
2. Juifs--Pays-Bas--Biographies--Ouvrages pour la jeunesse.
3. Enfants juifs pendant l'Holocauste--Pays-Bas--Amsterdam--Biographies--Ouvrages pour la jeunesse. 4. Juifs--Extermination (1939-1945)--Pays-Bas--Amsterdam--Biographies --Ouvrages pour la jeunesse. I. Azoulay, Claudine II. Title.

DS135.N6F7314 2005   940.53'18'092   C2005-904719-4

Édition publiée par les Éditions Scholastic,
604, rue King Ouest, Toronto (Ontario) M5V 1E1.

6 5 4 3 2   Imprimé au Canada 114   14 15 16 17 18

REMERCIEMENTS

Mes sincères remerciements à Linda Ferreira, Rachel Lisberg, Steve Metzger et Gina Shaw de Scholastic ainsi qu'à Susan Cohen et Rebecca Sherman de Writers House. Les personnes suivantes ont accepté de lire le texte, et j'apprécie grandement leur réflexion et leurs commentaires : Alexandra Garabedian, Michela Garabedian, Jacob Hiss, Rhoda Levine, Susan Logan, Nancy Novick et Josh Silver. Je remercie également les élèves de sixième année de Margaret Zamos, de l'école Friends Seminary à Manhattan, qui ont participé au Anne Frank Book Club : Eric Brest, Uwingablye Cunningham, Joel Hochman, D'Meca Homer, Alec Lumey, Renata Mittnacht, Forrest Petterson et Dillon Torcia.

Tous mes remerciements enfin à Tony Hiss, qui est à mettre dans une classe à part, comme toujours.

TABLE DES MATIÈRES

PREMIÈRE PARTIE

La première entrée

Anne Frank, l'un des écrivains les plus célèbres de tous les temps, est morte alors qu'elle n'avait que 15 ans. On a dit d'elle qu'elle était le visage de l'Holocauste, le massacre de six millions de Juifs perpétré durant la Seconde Guerre mondiale par l'Allemagne nazie, dirigée par Adolf Hitler. On pourrait aussi très justement désigner Anne comme la *voix* de l'Holocauste. En effet, son journal intime, rédigé alors qu'elle se cachait des nazis, retrace la vie de sa famille, au jour le jour, dans quelques petites pièces humides situées dans une vieille maison penchée d'Amsterdam. Son journal dépeint aussi à la perfection la transformation d'une fille en une jeune femme. Ce changement s'est effectué à la fois extrêmement vite et très lentement au cours des heures interminables qui se sont égrenées durant les deux années de clandestinité. Anne Frank, par certains côtés une personne très ordinaire et par d'autres, l'une des plus remarquables au monde. Anne Frank, une jeune fille attirée par les garçons, superficielle, centrée sur elle-même, très préoccupée, vibrante de colère, débordante de gaieté, nulle en maths, brillante en rédaction, pleine de charme, excessivement comique et douée d'un humour malicieux, affectueuse, réfléchie, désespérée, emplie d'espoir et d'une honnêteté indéfectible. Incarnant les contrastes, elle était, selon ses propres termes, « un paquet de contradictions »... en d'autres mots, une adolescente authentique qui a d'abord été une petite fille.

୬ 6

Bien qu'elle ait grandi aux Pays-Bas, Anne est née en Allemagne le matin du 12 juin 1929. Elle ne vient au monde ni avec facilité ni d'une manière discrète. Après avoir éprouvé de la difficulté à respirer dans ses premiers instants de vie, par la suite, elle ne cesse de pleurer. L'infirmière, qui est fatiguée après cet accouchement long et difficile, fait une erreur et note qu'Annelies Marie Frank est un garçon.

Anne (se prononce Anna en allemand) se révèle un bébé agité. L'été est trop chaud et humide pour elle.

Elle ne s'endort qu'épuisée par les pleurs et ne se calme la nuit que lorsque son père, Otto, vient dans sa chambre lui chanter des berceuses. Le premier sourire d'Anne s'adresse à lui.

Ce bébé est très différent, songe sa mère, Edith. Margot Betti, la sœur d'Anne, de trois ans son aînée, avait été très calme et heureuse, et dormait bien la nuit. Edith et Otto l'avaient surnommée le Petit Ange. Le carnet de bébé de Margot regorge de détails admiratifs; il décrit ses premiers pas, ses premiers mots. Le carnet de bébé d'Anne ne renferme que des remarques peu réjouissantes : « Depuis six semaines, elle passe toutes ses nuits à crier. »

Anne n'est pas un bébé angélique, et pourtant elle est très mignonne. Elle a les oreilles décollées et beaucoup de cheveux noirs que Margot aime caresser. Elle a de grands yeux verts, des sourcils foncés et de longs cils. Otto dit qu'Anne aime qu'on s'occupe d'elle et qu'elle sait comment attirer l'attention.

Enfant, Anne n'a jamais peur ni de parler ni de dire le fond de sa pensée. À l'âge de quatre ans, elle prend le tramway en compagnie de sa grand-mère. Celui-ci est bondé. D'un air sévère, Anne regarde chaque passager avec insistance avant de demander : « Personne ne va offrir sa place à cette vieille femme? »

Beaucoup d'adultes la trouvent impolie, insolente et gâtée, mais Otto aime la vivacité de sa fille, et elle le fait rire. Elle a donné à son père le petit nom de Pim, dont il n'a jamais connu l'origine; peut-être était-ce une déformation du mot « père ». Otto, qui mesure presque un mètre quatre-vingts, a un visage long, une moustache grisonnante et très peu de cheveux. Il montre une patience sans borne face aux questions incessantes d'Anne. Elle apprécie les réponses longues, compliquées, regorgeant de détails, et si une réponse est trop brève, elle se met en colère. C'est « une petite rebelle qui sait ce qu'elle veut », dit Otto, à la fois surpris par sa fille et totalement sous son charme.

Otto raconte à ses deux filles des histoires mettant en scène deux sœurs prénommées Paula, personnages inventés par la mère d'Otto. La bonne Paula est parfaite sur tous les plans tandis que la mauvaise Paula ne crée que des problèmes. Otto dit que les deux sœurs étant cachées, elles restent invisibles, mais qu'on peut les entendre aller et venir si on reste tout à fait immobile.

Sachant que Margot suit toutes les règles à la lettre et qu'Anne ne les respecte pas, on peut penser que Margot est la bonne Paula et Anne, la mauvaise.

Anne a cependant compris qu'en chacun de nous, il y a une bonne Paula et une mauvaise, dissimulées, invisibles, et pourtant bien présentes.

⚜

Les Frank habitent dans la ville allemande de Francfort-sur-le-Main, dans laquelle la famille d'Otto est établie depuis les années 1600. Otto, qui est un homme d'affaires, aime beaucoup son pays, riche de musique, d'art et de littérature. Très patriote, il a même servi comme officier dans l'armée allemande durant la Première Guerre mondiale et a été décoré de la Croix de Fer. Enfin, il est juif, quoique non pratiquant.

La famille habite juste à la périphérie de la grande ville, dans un quartier ressemblant à une petite ville. À peine quatre mois après la naissance d'Anne, les cours de la Bourse de New York s'effondrent et le monde entier vit une grande crise économique. Les gens perdent leur emploi ou bien ils doivent lutter pour le conserver. Quand Anne a deux ans, la famille emménage dans un appartement plus petit et moins cher. Adolf Hitler, alors chef du Parti allemand nazi, estime les Juifs responsables de l'effondrement de la Bourse et de toute la misère qui en résulte. Il les traite de « sous-hommes ». Les Juifs ayant souffert autant que les autres de la crise et Hitler leur paraissant tellement fou, Edith et Otto s'imaginent qu'on ne prendra jamais cet homme au sérieux.

En janvier 1933 pourtant, alors qu'Otto et Edith sont en visite chez des amis, ils entendent la nouvelle : Hitler vient d'être élu chancelier – c'est-à-dire premier ministre – de l'Allemagne. Edith reste pétrifiée. Pendant toute l'année précédente, des groupes de nazis ont défilé dans les rues en scandant des slogans pour l'extermination des Juifs. Et voilà que ces mêmes personnes dirigent désormais le gouvernement.

La situation évolue rapidement. Au mois d'avril, des nazis armés empêchent les gens d'entrer dans les boutiques et les entreprises juives. De nouvelles lois interdisent aux Juifs de travailler pour le gouvernement ou dans l'enseignement. Margot et d'autres élèves juifs doivent s'asseoir dans le fond de la classe, loin des Allemands « purs ». En mai, les livres écrits par des auteurs juifs sont brûlés dans les rues. Tous ceux qui disent du mal d'Hitler sont immédiatement jetés en prison. Une fois les prisons surpeuplées, on commence à enfermer ou « concentrer » un grand nombre de prisonniers dans des petits camps situés à la campagne et appelés camps de concentration.

C'est à ce moment-là qu'Otto Frank décide de quitter l'Allemagne, la terre que sa famille habitait depuis des siècles, le pays pour lequel il avait été prêt à mourir.

৪৯

Au printemps 1934, alors qu'Anne a cinq ans, sa mère l'emmène dans une épicerie à Amsterdam, la plus grande ville des Pays-Bas. Tout en achetant du beurre et du lait, Edith engage la conversation avec une femme, elle aussi accompagnée de sa fille. Elles trouvent qu'il s'agit là d'une étrange coïncidence. En effet, leurs filles sont du même âge. Les deux familles sont à la fois allemandes et juives, et elles viennent d'arriver aux Pays-Bas. Et plus étonnant encore : elles sont voisines, dans un quartier du sud d'Amsterdam appelé quartier de la Rivière. L'autre fille est grande de taille et elle a des cheveux châtain aux boucles très serrées. Elle et Anne se regardent, sans plus.

Quelques jours plus tard, Anne se rend à l'école pour la première fois. Edith craint que sa fille ne pique une colère et qu'elle ne veuille rentrer à la maison. Cependant, Anne remarque la fillette qu'elle avait vue à l'épicerie. Celle-ci vient tout de suite à la rencontre d'Anne et Anne se jette dans ses bras. C'est ainsi qu'Hanneli Elisabeth Goslar devient la première amie d'Anne aux Pays-Bas.

⚜

Les Pays-Bas – un petit pays plat, situé entre la France et l'Allemagne, au bord de la mer du Nord – n'ont pas participé à la Première Guerre mondiale. En tant que pays neutre, ils n'ont jamais été envahis ni par les Britanniques, ni par les Français, ni même par les Allemands. Otto compte sur cette neutralité. Si une autre guerre devait éclater, il est certain que les Pays-Bas demeureraient encore une fois un lieu sécuritaire.

À cette époque, comme aujourd'hui d'ailleurs, la vie à Amsterdam s'écoule entre ciel et eau. En effet, la ville possède 150 canaux reliés par 1300 ponts. Les maisons étroites étant bâties au bord de l'eau, on peut y voir leur reflet chatoyant, ce qui donne l'impression que la ville est dédoublée.

Même si Anne habite dans un quartier moderne d'Amsterdam, elle a remarqué que beaucoup de maisons de la vieille ville, au centre-ville, penchent à droite ou à gauche. Les pieux de fondation vieux de plusieurs siècles, qu'on avait enfoncés à plus de 10 mètres dans du terrain marécageux pour atteindre une couche de sable dure, commencent à pourrir. (Il y a mille ans, Amsterdam n'était qu'un marais.) Les maisons penchées sont bâties en rangées, les unes contre les autres, comme des dominos prêts à tomber. Ces vieilles demeures craquent sans cesse à mesure qu'elles s'affaissent. Faire la cuisine dans une maison penchée est quelque peu délicat. Il faut, par exemple, surveiller la poêle quand on fait des œufs brouillés pour qu'ils ne se renversent pas.

La ville d'Amsterdam – et tous les Pays-Bas du reste – étant aussi plate qu'une planche et les immeubles ayant au maximum cinq étages (une tour de 12 étages s'appelait un gratte-ciel), on voit le ciel partout et tout le temps. Et il peut être spectaculaire. De lourds nuages gris foncé marqués de traces bleu pâle. Ou bien des nuages blancs en volutes que la lumière traverse, côtoyant d'épais nuages noirs gonflés et prêts à éclater. Ou encore un ciel qui semble avoir été partagé en deux par une ligne de crayon : nuages sombres et pleins d'un côté, qui plongent la moitié du sol dans l'obscurité, ciel bleu de l'autre, qui inonde le reste de lumière. En hiver, l'air sent la glace et le ciel est blanc. Le crachin frais de l'été donne au ciel une teinte jaunâtre. Le brouillard bloque parfois le soleil durant plusieurs jours. À la tombée de la nuit, des nuages bas, couleur de cendre, ressemblent à des montagnes dans le lointain.

Aux yeux d'Anne, les Pays-Bas sont juste comme il faut. À l'image de la fillette, ce pays est vivant et hospitalier. Le quartier où elle habite ressemble à une banlieue, avec ses rues larges et ses immeubles à appartements à cinq étages, tous identiques, en briques brun clair, dotés de volets blancs et de balcons à l'arrière. Le complexe immobilier étant tout neuf et le chantier encore en cours, il y a toujours d'immenses tas de sable où jouer. L'appartement des Frank, situé au troisième étage, comporte une multitude de livres, des meubles antiques en bois foncé luisant et une horloge grand-père qu'il faut remonter toutes les trois ou quatre semaines. Le logement spacieux compte une pièce supplémentaire que la famille peut louer pour avoir un revenu supplémentaire. Anne aime se pencher par la fenêtre et écouter les cloches de l'église, observer les gens qui discutent ou passent sur leur vélo noir. Ce pays plat est idéal pour faire du vélo. Elle voit aussi des enfants jouer avec des cerceaux qu'ils font rouler devant eux avec un bâton.

Le 12 juin 1934, à l'occasion de ses cinq ans, Anne organise une fête dans son nouvel appartement, avec ses nouvelles amies. Elle invite Hanneli, bien sûr, et Susanne Ledermann, la petite sœur de Barbara, l'amie de Margot. Susanne est, elle aussi, allemande et juive. Anne lui donne le diminutif de Sanne (qui rime avec Anne). Les trois fillettes se nomment donc Anne, Hanne et Sanne.

⚮

Pendant sept ans, Anne fréquente l'école élémentaire du quartier, qui a des méthodes d'enseignement très particulières. Dans cette école, on n'oblige pas les enfants à lire, écrire ou faire de l'arithmétique tous en même temps. Au contraire, ils peuvent lire à leur propre rythme, participer aux activités qui leur plaisent et travailler seul ou bien en groupe.

Cette façon de faire convient parfaitement à Anne qui n'aime pas se faire dire quoi faire ni comment le faire. Elle aime les jeux de construction, le jardinage et le dessin. Elle admire surtout une fille prénommée Kitty qui dessine merveilleusement bien. Pour Anne, l'arithmétique est un calvaire et la lecture présente quelques difficultés. Alors que sa fille est un peu plus âgée, Edith se plaint dans une lettre : « Anne a beaucoup de difficulté à apprendre à lire. » Cependant, Anne deviendra par la suite, comme elle le dira elle-même, « folle de livres et de lecture ».

Dans une ville où il y a autant de bicyclettes et si peu d'automobiles, on peut jouer dans la rue sans danger. Sous un ciel orné de nuages extraordinaires, les enfants jouent à cache-cache, aux billes ou au *stickball* (un genre de baseball). Ils sautent à la corde, font du patin à roulettes ou poussent un cerceau avec un bâton. Anne est incapable de faire la roue, comme le font les autres fillettes. Elle ne peut pas non plus jouer au tennis ou ramer dans un canot, car une de ses épaules se déboîte parfois.

Margot fréquente une autre école, traditionnelle celle-là, car ses parents pensent que la liberté accordée dans l'école d'Anne ne conviendrait pas à sa sœur. Margot a des notes parfaites. Quand elle se promène en vélo avec son amie Barbara, les regards se tournent vers ces deux jolies filles. Les cheveux noirs et épais de Margot volent au vent; Barbara est, au contraire, blonde aux yeux bleus. On les a surnommées Blanche-Neige et Rose-Rouge.

Margot et Edith sont proches l'une de l'autre alors que, depuis son plus jeune âge, Anne a remarqué qu'elle et sa mère sont « opposées en tout », comme elle le dira plus tard. Anne aime être sous le feu des projecteurs. Edith, au contraire, préfère rester dans l'ombre. Une fois arrivée aux Pays-Bas, Anne sent qu'elle s'éloigne encore davantage de sa mère. Edith a l'air triste et fatiguée et elle fait toujours plus vieux que son âge à cause de sa coiffure : les cheveux séparés par une raie et réunis en un chignon sur la nuque. Pour Edith, l'Allemagne est sa patrie. Elle se plaint de ce que le chocolat néerlandais ne soit pas aussi bon que le chocolat allemand, que les vêtements néerlandais ne soient pas aussi bien faits. Elle essaie d'apprendre le néerlandais en prenant des cours particuliers, mais elle abandonne au bout de deux leçons seulement et se contente de parler cette langue par bribes. Anne est contrariée que sa mère ne se soit pas jetée dans les bras des Pays-Bas comme elle, sa fille, l'a fait dans ceux d'Hanneli.

Les amies d'Anne préfèrent sa maison à la leur. Elles peuvent y manger des petits pains tartinés de fromage à la crème et de chocolat râpé et y boire du vrai lait en bouteille, pas du lait qu'on doit se servir soi-même à l'épicerie. Otto ajoute au plaisir de la visite. Il penche son verre de bière jusqu'à presque le renverser, ce qui fait toujours rire Hanneli. En outre, Otto est extrêmement patient avec Anne. Hanneli les observe toujours : Anne qui argumente parfois sans même savoir à quel propos et son père qui ne lui répond que par des paroles gentilles. Edith, quant à elle, essaie de remettre sa fille au pas. « Elle doit s'asseoir à table pour boire son chocolat chaud! » dit-elle par exemple. Anne refuse et se fâche. Et Otto de répondre que ce n'est pas un problème et que sa fille peut bien s'asseoir où elle veut. Comme toutes les amies d'Anne, Hanneli trouve qu'Otto est le père idéal.

Un an après que la famille Frank a quitté l'Allemagne, les nazis instaurent des lois destinées à protéger le « sang allemand » du « sang étranger ». Les Juifs ne peuvent plus épouser une personne non juive. Les avocats juifs ne peuvent avoir que des clients juifs. Les médecins juifs ne peuvent avoir que des patients juifs. De plus, les Juifs n'ont plus le droit de voter.

Et le pire est à venir. Le 9 novembre 1938, les nazis mettent à sac toutes les villes d'Allemagne et d'Autriche, où ils détruisent les magasins juifs et brûlent les synagogues. C'est la *Kristallnacht*, la Nuit de cristal, car, selon les nazis, le verre brisé des fenêtres brillait comme du cristal. Par la suite, des dizaines de milliers de Juifs sont envoyés dans des camps de concentration.

Les parents d'Anne ne veulent pas que leur fille soit au courant de ce qui se passe, même si le frère d'Edith a été arrêté après la Nuit de cristal. Anne dit à ses amies que « quelque chose de terrible » est arrivé à son oncle Walter, mais elle n'en sait pas plus. Le samedi après-midi, Edith et Otto reçoivent toujours des amis pour le café. Si Margot ou Anne se trouvent dans les parages, ils s'abstiennent de parler de politique. Otto a d'ailleurs l'impression que des jours meilleurs les attendent. La Nuit de cristal, dit-il, ressemble à « un accès de fièvre lors d'une maladie ». La maladie dont semble avoir souffert l'Allemagne a atteint son paroxysme et le pays peut désormais se rétablir.

§§

Otto Frank se lance à corps perdu dans son travail. Il dirige la compagnie Opekta, qui fabrique de la pectine, un produit qu'on mélange aux fruits écrasés pour en faire de la confiture. Le slogan de la compagnie est le suivant : « Des confitures et des gelées en 10 minutes ». Il a pour secrétaire une jeune femme, Hermine Santrouschitz, surnommée Miep (se prononce Mip). Petite femme au visage rond et aux cheveux blond cendré, Miep est née en Autriche. Durant et après la Première Guerre mondiale, il y avait eu une grande pénurie de nourriture. Enfant, Miep « dépérissait », comme elle disait. « Mes jambes étaient comme des baguettes... Mes dents ramollissaient. »

À l'âge de 11 ans, Miep était venue aux Pays-Bas dans le cadre d'un programme spécial destiné aux enfants autrichiens victimes de famine. Pour pouvoir emporter davantage de choses, durant le voyage, elle avait mis sur elle plusieurs couches de vêtements. Elle était censée ne rester que trois mois aux Pays-Bas, mais une fois le délai expiré, elle est restée trois mois de plus, puis trois autres mois, et ainsi de suite. À l'image d'Anne, ce que Miep aime dans son pays d'adoption, c'est son *gezellig* – son confort – qui donne à cet endroit l'allure d'un grand village bien hospitalier. Miep n'est retournée en Autriche que pour de brefs séjours qui lui ont fait sentir qu'elle était devenue « néerlandaise jusqu'au bout des ongles ».

Miep et Anne ont de nombreux autres points communs. Anne a des problèmes de santé. On prétend qu'elle a un problème cardiaque et elle souffre d'une fièvre récurrente. Edith dit de sa fille : « Ce petit paquet de nerfs a besoin de beaucoup de repos. » Anne a pour surnom *Zartlein*, la fragile. Pendant des semaines, Edith n'envoie pas Anne à l'école et la garde alitée. Anne déteste rester au lit à ne rien faire. À l'école, elle ne fait jamais d'éducation physique à cause de son épaule, même si ce n'est pas douloureux quand son épaule se déboîte. Elle fait même exprès de la déboîter devant ses amies. Hanneli dira plus tard que ça faisait un petit bruit – *clac, clac, clac* – et qu'Anne « trouvait très amusant de voir les enfants l'observer et éclater de rire ».

Adolescente, Miep avait tenu un journal intime dans lequel elle notait ses pensées et ses sentiments les plus personnels. « Je le faisais en secret, rien que pour moi, pas pour en discuter, dira-t-elle. J'avais une grande envie de comprendre la vie. » Par la suite, cependant, craignant qu'on ne découvre son journal et qu'on ne le lise, elle l'a entièrement déchiré. Anne a commencé à tenir son journal le jour de son treizième anniversaire. Elle y a noté une étonnante gamme de pensées et de profondeurs de sentiments, et une compréhension de la vie à différents niveaux. Son journal n'a survécu que grâce à Miep, qui l'a conservé. Le journal d'Anne, publié pour la première fois deux ans après sa mort, s'est vendu jusqu'à présent à 25 millions d'exemplaires, dans près de 70 langues.

La première fois que Miep voit Anne, celle-ci a quatre ans. Elle est timide et porte un manteau de fourrure douce et blanche comme neige. *C'est le genre d'enfant que j'aimerais avoir un jour,* se dit alors Miep. Elle est parfois invitée chez les Frank et elle voit les enfants grandir. Plus tard, elle trouve attendrissante la manière dont les chaussettes d'Anne, alors âgée de huit ans, glissent toujours sur ses chevilles. Miep a remarqué les « yeux d'un gris-vert électrique moucheté de vert », tellement enfoncés qu'ils semblent parfois enveloppés d'ombre. Elle admire les cheveux noirs brillants d'Anne et de Margot, toujours propres, coupés juste sous les oreilles, séparés par une raie sur le côté et retenus par des barrettes. Margot, devenue presque une adolescente, est un peu plus belle chaque jour. Contrairement à Anne, Margot s'assied comme une dame, le dos droit et les mains croisées sur les genoux, et elle garde ses pensées pour elle.

Miep racontera plus tard qu'à neuf ans, Anne a déjà « toute une personnalité ». Elle parle toujours de ses nombreuses amies comme si « chacune d'elles était sa meilleure et sa seule amie ». Anne adore parler, parler sans arrêt. Elle parle vite, d'une voix aiguë, et ses phrases se bousculent. Elle se mêle aux conversations des autres. On la qualifie de Mademoiselle je-sais-tout (et elle déteste être critiquée). Son bavardage lui attire des ennuis à l'école.

Et on remarque aussi ses habiletés à l'école. Quand on demande aux élèves d'écrire des pièces de théâtre, Anne regorge toujours d'idées. Grâce à son immense talent d'imitatrice, elle obtient aussi le rôle principal dans ces pièces. Elle imite parfaitement le miaulement du chat, l'une ou l'autre de ses amies ou encore son enseignant en train de la réprimander parce qu'elle a trop bavardé. Miep dira d'Anne qu'elle était « une fan de cinéma ». Anne parle d'ailleurs de devenir une star de cinéma.

Anne aime aussi l'histoire, la mythologie grecque, les chats, les chiens, les vacances au bord de la mer ou les balades en vélo à la campagne, la natation (son sport préféré), le patinage (son deuxième sport préféré), les bains de soleil sur la terrasse, les crèmeries, collectionner les photos de vedettes de cinéma et faire le clown pour amuser les gens. Miep dira qu'elle avait remarqué des changements chez Anne, à la préadolescence, comme si les jambes et les bras minces de la jeune fille étaient trop longs par rapport à son corps. Anne aime malgré tout rester le bébé de la famille, surtout pour son père.

෯෯

Le 1ᵉʳ septembre 1939, alors qu'Anne a 10 ans, l'Allemagne gouvernée par Hitler envahit la Pologne. L'Angleterre et la France lui demandent de se retirer. Comme Hitler refuse, ces deux pays déclarent la guerre à l'Allemagne. C'est le début de la Seconde Guerre mondiale. La victoire d'Hitler sur la Pologne est incroyablement rapide. Au cours des mois suivants, cependant, il se passe peu de choses. Certains parlent alors d'une « drôle de guerre », mais Margot écrit à une correspondante en Amérique : « Nous ne nous sentons jamais en sécurité. »

Le 10 mai 1940, l'Allemagne envahit les Pays-Bas.

À la radio, la reine des Pays-Bas affirme que l'armée néerlandaise « ne capitulera pas sans se battre », mais l'armée polonaise s'était battue elle aussi. Anne déteste le bruit des nombreuses sirènes annonçant les raids aériens et celui des bombes la nuit. En pleurs, elle se réfugie auprès de son père. Elle est contrariée et en colère quand, cinq jours plus tard, les Pays-Bas capitulent.

Sur bien des plans, la vie d'Anne se poursuit sans grand changement. Le dimanche, elle aime aller visiter le grand bureau tout neuf de son père situé dans la vieille ville, dans lequel il a emménagé au mois de décembre. Elle emmène souvent Hanneli avec elle. Elles se tapent mutuellement des lettres à la machine et comme Hanneli se souviendra plus tard, elles ont « la chance de jouer à leur jeu favori : se téléphoner d'une pièce à l'autre, ce qui était toute une aventure. »

Le bureau d'Otto est situé sur le Prinsengracht, le canal du Prince, un lieu autrefois élégant, qui avait été construit plus de 300 ans auparavant quand Amsterdam était l'un des plus grands ports du monde. Le bureau se compose en fait de deux maisons reliées entre elles par un étroit couloir : à l'avant, une maison de quatre étages et à l'arrière, une maison de cinq étages. Ces bâtisses, qui n'étaient en 1940 rien d'autre qu'un bureau et un entrepôt, sont devenues un lieu symbolique pour l'humanité. Elles ont été transformées en musée, la Maison d'Anne Frank, qui accueille plus de 800 000 visiteurs par an.

§§

La maison de devant est haute et étroite, en briques rouge foncé, dotée d'immenses fenêtres et contiguë aux autres maisons de la rue. Elle date des années 1600; la maison de derrière a 100 ans de moins. Au rez-de-chaussée de chaque maison se trouve un immense entrepôt, et les deux entrepôts communiquent entre eux. On y emmagasine la pectine, les herbes et les épices, autant de produits nécessaires au commerce d'assaisonnement de la viande établi par Otto deux ans auparavant. Au-dessus de l'entrepôt de la maison de devant, il y a des bureaux et, un étage plus haut, des fournitures. Dans la maison de derrière, Otto a installé son bureau et une cuisine. Les deux bâtisses ont de nombreux espaces vides et il y a même des petites pièces inutilisées aux étages supérieurs.

À l'arrière de la maison de derrière, il y a une grande cour où trône un vieux et immense marronnier. À un coin de rue de là, se dresse la Westerkerk, l'église de l'Ouest, la plus belle église de la ville et aussi vieille que le quartier. Le clocher de l'église, la Westertoren ou Tour de l'ouest, mesurant 84 mètres est le plus haut de la ville. Il possède aussi la cloche la plus lourde : huit tonnes et demie. Le clocher présente une couronne de couleur or, bleue et rouge, une girouette et une horloge dorée parfaitement ronde dotée de chiffres romains et de 48 cloches tonnantes qui sonnent les heures.

Outre Miep, 10 personnes travaillent au 263 Prinsengracht, dont certaines à temps partiel.

Hermann van Pels a apparemment un bon nez pour les herbes et les épices. Tout comme les Frank, il est venu à Amsterdam d'Allemagne, en compagnie de son épouse Augusta (surnommée Gusti) et de leur fils Peter qui a deux ans de plus qu'Anne. Hermann aime raconter des histoires longues et bruyantes. Otto le considère comme son associé. Les autres employés sont Bep Voskuijl, une jeune dactylo, Johannes Kleiman, un comptable et Victor Gustav Kugler, le bras droit d'Otto.

§§

Anne « avait de nombreux amis », dira Hanneli plusieurs années plus tard. « Elle avait plus d'amis garçons que d'amies filles... Les garçons l'aimaient beaucoup. Et ça lui plaisait toujours énormément que les garçons s'intéressent à elle. » Hanneli qualifiera Anne de « piquante », et la décrira ainsi : « Elle avait des cheveux longs et jouait tout le temps avec. Ses cheveux la gardaient toujours occupée. » Miep fera remarquer qu'à cette époque, le « bavardage » d'Anne tourne désormais autour du « sexe opposé ».

Au moment où Anne commence à attirer les regards et à apprécier l'attention dont elle fait l'objet, des Juifs de partout dans les Pays-Bays sont tués. « Centimètre par centimètre », c'est l'impression ressentie, se souviendra Hanneli plus tard. En août 1940, tous les Juifs d'origine allemande doivent s'inscrire au bureau des résidents étrangers. Otto va déclarer tous les membres de sa famille.

Au mois de janvier suivant, les Juifs n'ont plus le droit d'aller au cinéma. Or, Anne adore le cinéma. Pour elle, Otto et Edith se donnent la peine de louer des films et des projecteurs afin de transformer leur appartement en salle de cinéma. Pour rendre les séances plus intéressantes, Anne confectionne des invitations et des billets pour ses amis. Sur l'un d'eux, il est écrit : *SANS CARTON – PAS D'ADMISSION!* suivi de la date : *LE DIMANCHE 1ᵉʳ MARS, 13 HEURES. VEUILLEZ ARRIVER À L'HEURE*, est-il écrit en dessous. Les détenteurs de billets se voient également assigner une place : *RANGÉE 2, SIÈGE 2.*

Un groupement néerlandais baptisé NSB (Parti nazi néerlandais) compte désormais 100 000 membres. Malgré tout, la majorité des Néerlandais soutient les Juifs et certaines personnes le font même au péril de leur vie. Quand un membre du NSB est assassiné en février 1941, les Allemands arrêtent 450 Juifs, que l'on ne reverra jamais. Pour protester contre ces arrestations, des milliers de travailleurs néerlandais se mettent en grève pendant deux jours. Toute activité cesse : tramways et traversiers sont immobilisés; boutiques, usines et bureaux restent fermés. Cette solidarité remonte le moral des citoyens d'Amsterdam, et on se souvient encore aujourd'hui de cette grève sous le nom de « journée au-dessus de tout éloge ».

« Nous ne risquons pas d'attraper des coups de soleil car nous ne pouvons pas aller à la piscine », écrit Anne avec cynisme dans une lettre adressée à sa grand-mère. À la fin du mois de mai, juste avant les grandes chaleurs, on a interdit aux Juifs l'accès aux plages et aux piscines.

Otto sait que les Juifs n'auront bientôt plus le droit de posséder une entreprise. En quelques mois, il transfère ses compagnies au nom de ses collègues, Victor Kugler et Johannes Kleiman. De cette façon, même si Otto dirige toujours les entreprises, elles appartiennent officiellement à des non-Juifs.

À la rentrée scolaire, en automne, Anne apprend qu'elle doit redoubler son année. Des problèmes de santé lui avaient fait manquer de nombreuses journées d'école et elle accusait un retard important en maths. Toutefois, une autre loi interdit aux enfants juifs de fréquenter les mêmes écoles que les enfants non-juifs. Cette mesure ayant été annoncée après le début des classes, les élèves juifs – en l'occurrence la moitié de la classe d'Anne – sont carrément renvoyés.

Otto emmène Anne à la campagne pendant quelques jours pour essayer de la consoler. Pendant leur absence, de nouvelles lois antijuives sont instaurées.

Les Juifs doivent avoir un grand *J* noir inscrit sur leur carte d'identité.

Ils n'ont pas le droit d'avoir des pigeons. (Certains trouvent cette mesure bizarre.)

Ils n'ont plus le droit d'aller au zoo, ni dans les parcs, bars, restaurants, salles de concert, cafés, hôtels, théâtres et bibliothèques.

Des pancartes *INTERDIT AUX JUIFS* sont affichées partout. Certaines indiquent même *PAS DE CHIENS NI DE JUIFS*. Les parents d'Hanneli essaient de minimiser le problème en disant, par exemple : « Si ce n'est que ça, nous pouvons le supporter. Si nous ne pouvons plus aller à un concert, nous écouterons de la musique de chambre chez nous. »

Malgré tous les efforts déployés par les adultes, les enfants juifs doivent se rendre à l'évidence : leur univers se rétrécit de plus en plus et ils deviennent ce que les Allemands appellent des « non-personnes ».

Par un mois d'octobre pluvieux et brumeux, Anne, qui ne redoublera finalement pas son année, entre à l'école secondaire juive où tous les enseignants et tous les enfants sont juifs, et qui était jusqu'alors une usine de menuiserie. Le même mois, Anne adopte un chaton noir qu'elle baptise Moortje, ce qui veut dire Petit Noiraud.

Elle se fait une nouvelle amie, Jacqueline van Maarsen, surnommée Jacque (se prononce Jac-qué), une fille aux yeux bleus immenses et à l'allure sophistiquée. Avec elle, Anne peut parler des garçons et Jacque a des réponses aux nombreuses questions qu'Anne se pose. Celle-ci aime savoir un tas de choses et montrer sans attendre ce qu'elle sait. « Dieu sait tout, mais Anne en sait encore plus », dit toujours la mère d'Hanneli affectueusement.

À la fin du mois d'avril 1942, les Juifs doivent acheter un morceau de tissu à six pointes, de la grosseur d'un poing, sur lequel est écrit le mot *JOOD* (Juif) en lettres noires. Tous les Juifs âgés de six ans et plus doivent porter cette étoile juive, cousue sur leur manteau ou leur robe, du côté gauche, juste au-dessus du cœur. Chaque fois qu'un Juif va dehors, ne serait-ce que sur un balcon, on doit voir son étoile.

Miep se souviendra plus tard que, dans un quartier particulier appelé le Quartier juif, il y avait tellement d'étoiles que, pour rire, on l'avait surnommé Hollywood.

§§

Anne Frank devient une adolescente le vendredi 12 juin 1942. En ce matin froid de son treizième anniversaire, elle saute de son lit à six heures. Elle sait qu'elle va recevoir des cadeaux, dont un en particulier qu'elle a choisi elle-même dans une librairie, quelques jours plus tôt, en compagnie de son père.

Un journal intime.

Un album d'autographes épais, presque carré, avec une couverture en tissu écossais et un fermoir ovale. Le motif écossais est à la fois simple et gai, avec ses carreaux orange, blancs et gris et une toute petite touche de vert clair.

Comme le dira plus tard Hanneli, à l'école, Anne cache toujours avec sa main ce qu'elle écrit pour que personne ne voie ce qu'elle fait. « Je croyais qu'elle écrivait des cahiers entiers », dira Hanneli.

Et voilà qu'arrivée à l'adolescence, Anne possède un cahier entier dans lequel écrire : un vrai journal intime rien qu'à elle.

Par un matin froid, Hanneli et Anne vont à l'école ensemble à pied sous un ciel chargé d'épais nuages gris. Elles doivent marcher puisque les Juifs n'ont plus le droit de prendre le tramway ni même leur vélo. Ce jour-là, précisément, de nouvelles restrictions antijuives sont annoncées.

Les Juifs ne doivent faire leurs achats qu'entre trois heures et cinq heures de l'après-midi, et seulement dans des commerces juifs.

Ils ne doivent pas sortir entre huit heures du soir et six heures du matin.

Ils n'ont pas le droit de prendre des photos, mais on peut *les* prendre en photo.

Ils ne peuvent plus pratiquer aucun sport, y compris le canotage et la pêche.

Jacque, l'amie d'Anne, lui confie qu'elle n'ose plus rien faire, de peur que ce soit interdit.

Anne a fait des biscuits d'anniversaire qu'elle distribue aux enseignants et aux élèves pendant la récréation. Elle a le droit de choisir le jeu auquel toute la classe va jouer (du volleyball) et on fait une ronde autour d'elle en lui chantant « Joyeux anniversaire! ».

Lors de sa fête d'anniversaire, quelques jours plus tard, elle aime beaucoup ses nombreux cadeaux : des roses, un chemisier bleu, un casse-tête, une crème de beauté et des livres. Elle aime aussi le fait que tant de gens différents aient pensé à son anniversaire, y compris Peter van Pels, le fils d'Hermann, l'associé d'Otto. Peter lui a offert une tablette de chocolat.

Anne rédige sa première entrée dans son cadeau préféré, le jour même de son anniversaire : « J'espère pouvoir tout te confier, car je n'ai jamais pu le faire à personne, et j'espère que tu me seras d'un grand réconfort et d'un bon soutien. »

⁂

Au cours des semaines suivantes, les entrées d'Anne se font plus longues et se rapprochent de la confidence, même si elle se demande si quiconque, y compris elle-même, pourrait s'intéresser à ce qui se passe dans la tête d'une fille de 13 ans. Elle écrit toujours avec un stylo à plume, offert par sa grand-mère pour ses neuf ans, et qu'elle tient d'une façon bizarre, entre l'index et le majeur. L'encre du stylo rend ses doigts bleu gris.

À partir de ses 13 ans, ce que l'on sait d'Anne Frank va complètement changer. Avant cette journée-là, on ne pouvait la connaître que de l'extérieur, par le souvenir de ceux qui l'ont connue. Grâce à son journal, elle parle maintenant pour elle-même, d'elle-même, avec force détails et beaucoup d'humour, et d'une voix énergique et totalement centrée sur elle-même.

« Je n'ai encore jamais eu de véritable amie, écrit-elle le 15 juin. Au début, je croyais que ce serait Jacque, mais je me suis drôlement trompée. » Cette attitude est typique d'Anne : un instant, elle est emballée par ses amies; l'instant d'après, elle est prête à les laisser tomber. Et pourtant, même si elle est fâchée contre Jacque, cela ne l'empêche pas de supplier sa copine d'aller dormir chez elle. Elle est jalouse d'une autre fille, une « commère sournoise, prétentieuse, hypocrite, qui se prend pour une adulte », parce que cette fille a « ensorcelé » Jacque.

Jacque, quant à elle, dira d'Anne, quelques années plus tard : « Je trouvais qu'elle était un peu gâtée, mais je crois qu'elle ne le pensait pas elle-même. »

« Il y en aurait long à dire sur les garçons, note Anne dans son journal, ou peut-être pas tant que ça finalement. » Elle dresse une liste des garçons de sa classe : Maurice est « un de mes nombreux admirateurs, mais il est plutôt casse-pieds ». « Rob Cohen aussi est amoureux de moi, mais je ne peux plus le voir. C'est un petit imbécile détestable, hypocrite, menteur, pleurnicheur et prétentieux par-dessus le marché. » Herman a « l'esprit mal tourné ». Jopie est « un vrai dragueur et un coureur de filles ».

31

Harry est gentil, « le garçon le plus convenable de notre classe ».

Vers la fin du mois de juin, Anne souffre une nouvelle fois d'un accès de fièvre et elle doit encore manquer l'école. Toutes ses amies viennent la voir chez elle pour lui apporter ses devoirs et les dernières nouvelles. Anne reçoit aussi la visite de Kitty, qu'elle n'avait pas revue depuis plusieurs années, la fille qui avait fait de si beaux dessins à l'école et qui, quand elles étaient plus âgées, avait parfois illustré les histoires écrites par Anne. Lorsque Anne avait commencé à s'intéresser aux garçons et aux stars de cinéma, Kitty s'était éloignée d'elle. Ce jour-là, Kitty trouve qu'Anne a changé, qu'elle est plus réfléchie.

Le 20 juin, Anne répète dans son journal : « Je n'ai pas d'amie. » Elle sait qu'elle a une famille gentille et beaucoup de jeunes avec qui elle peut s'amuser, « une nuée d'admirateurs qui ne me quittent pas des yeux et qui, faute de mieux, tentent de m'apercevoir dans un morceau de miroir de poche ». En bref, Anne a tout, sauf « une véritable amie », quelqu'un à qui confier « ce qu'elle ressent au plus profond de son cœur ».

Son journal va remplir ce rôle, celui d'une amie baptisée Kitty.

Pendant les 50 années qui ont suivi la publication du journal d'Anne, les gens se sont demandé si Kitty était l'écolière qu'Anne avait connue. Ou si ce nom venait d'un personnage de roman, car Anne et Jacque aimaient jouer des scènes inspirées de livres racontant la vie d'une fille prénommée Joop et de sa meilleure amie prénommée Kitty.

Le prénom Kitty est peut-être venu à l'esprit d'Anne comme ça, au hasard. Kitty représente toutefois une part d'Anne qui peut se confier et qu'elle commence à peine à comprendre. Grâce à Kitty, elle peut se regarder elle-même, comme dans un miroir qui ne refléterait pas que l'extérieur, mais aussi l'intérieur, le fin fond d'elle-même.

À partir de ce moment-là, toutes les entrées d'Anne s'adressent à Kitty, sous la forme d'une lettre qu'elle signe : « Cordialement, Anne M. Frank » ou simplement « Cordialement, Anne ».

❦❧

Les premières semaines de sa vie d'adolescente sont bien remplies et joyeuses. Dans son journal, Anne parle d'un groupe de cinq filles qui jouent au ping-pong et qui se font appeler « La Petite Ourse moins deux ». (Elles ont d'abord cru que la constellation ne comportait que cinq étoiles et ont changé leur nom après avoir découvert qu'il y en avait plutôt sept.) Après le ping-pong, elles vont manger une crème glacée et trouvent toujours un garçon prêt à payer pour elles. Anne reconnaît être encore « bien jeune » pour les garçons, mais elle est, en même temps, très fière de dire que si, entre elle et un garçon, « la conversation s'engage, neuf fois sur dix, je peux être sûre qu'il tombera tout de suite amoureux de moi ».

Et ce n'est pas de la vantardise. En ce même mois de juin, Hello Silberberg (de son vrai prénom Helmuth), un beau jeune homme de 16 ans, rencontre Anne et tombe complètement sous son charme. Il vient à peine de rompre avec Ursula, une fille de son âge qu'Anne connaît et qu'elle qualifie de « parfaitement douce et parfaitement ennuyeuse ». Anne est contente de pouvoir dire que, depuis qu'Hello a rencontré Anne, il s'est rendu compte qu'Ursula « l'endormait ». « Je suis donc un stimulant, écrit Anne. On ne peut jamais savoir à quoi on peut être utile! »

Le fait qu'Anne n'ait que 13 ans ne dérange pas Hello. « Les gens me posaient souvent la question, dira-t-il plusieurs années plus tard. Un garçon de 16 ans qui s'intéresse à une fille de 13 ans? Ça peut arriver. Elle était fascinante. »

Cependant, Anne est déjà amoureuse de Peter Schiff, un autre garçon de 16 ans. Quand Peter lui dit bonjour, elle est emballée, même s'il ne lui a pas parlé depuis longtemps. « J'aime Peter comme je n'ai encore jamais aimé personne, écrit Anne. Je me dis que, s'il court après toutes ces filles, ce n'est que pour cacher les sentiments qu'il éprouve pour moi. » Ou bien peut-être croit-il qu'Hello et Anne sont amoureux, se dit la jeune fille. Ce qui n'est pas vrai puisqu'elle écrit d'Hello : « Ce n'est qu'un copain. »

Hello est venu d'Allemagne en 1938, juste après la *Kristallnacht*. Il n'avait que 12 ans et il est arrivé seul. Ses parents étant incapables d'atteindre les Pays-Bas, ils se sont arrêtés en Belgique. Anne est très triste de savoir qu'Hello n'a pas de parents depuis quatre ans. Par contre, Hello n'a pas l'air triste du tout. Il est enjoué, raconte des histoires drôles et conduit même une voiture.

Même si Otto aime bien Hello, il est quand même fâché le soir où le jeune homme raccompagne Anne chez elle à huit heures dix. Le couvre-feu pour les Juifs est à huit heures. Otto a eu très peur car lui et sa femme sont au courant de certaines choses qu'ils ne disent pas à leurs enfants : que les Juifs sont ramassés à la moindre infraction (ne pas respecter le couvre-feu peut signifier l'arrestation et la prison); que certains Juifs reçoivent une convocation qui les envoie dans un camp de travail en Allemagne; qu'éventuellement, tous les Juifs seront chassés des Pays-Bas et que, si les rumeurs sont vraies, ils seront envoyés vers la mort.

§§

Cette année-là, le bulletin de notes d'Anne n'est pas mauvais : « un D, un C- en algèbre et des B partout ailleurs. » Otto et Edith sont différents des autres parents en ce qu'ils accordent peu d'importance aux notes. « Tant que je suis en bonne santé, que je suis heureuse et que je ne suis pas trop insolente, ils sont contents », note Anne. Quant au bulletin de notes de Margot, Anne écrit : « Brillant, comme d'habitude ».

Le dimanche 5 juillet, une de ces journées d'été accablantes, Anne note dans son journal que, quelques jours plus tôt, son père a mentionné – de but en blanc, semble-t-il, lors d'une promenade autour de la place – que la famille pourrait devoir se cacher. Cela signifiait vivre « coupés du monde » jusqu'à la fin de la guerre. Anne a entendu parler de ces gens que les Néerlandais appellent des *onderduikers*, des plongeurs, car ils disparaissent de leur propre vie aussi complètement que s'ils plongeaient dans les profondeurs de l'océan et ne remontaient plus à la surface.

Anne a demandé à Otto pourquoi il en parlait à ce moment-là. Il lui a répondu : « Tu sais, Anne, que depuis plus d'un an, nous entreposons des vêtements, des vivres et des meubles chez d'autres gens. Nous ne voulons pas que nos biens soient confisqués par les Allemands et nous ne voulons pas non plus tomber dans leurs griffes. »

Anne s'est inquiétée car le ton de son père était « grave ». Il lui a alors dit de ne pas se tracasser : « Profite bien de ta vie insouciante tant que cela t'est encore possible. »

Le dimanche après-midi, alors qu'elle est allongée au soleil sur la terrasse, Anne note dans son journal la conversation avec son père, et elle fait le souhait suivant : « Pourvu que ces sombres paroles ne se réalisent pas avant le plus longtemps possible. »

Il est presque trois heures de l'après-midi. La sonnette retentit.

Anne n'a pas pu entendre la sonnette, mais quelqu'un – sa mère ou sa sœur – a dû l'appeler. Elle attend Hello, mais il ne doit venir que plus tard dans la journée.

Anne sursaute et gribouille : « On sonne à la porte; c'est Hello, je m'arrête. »

Mais ce n'est pas Hello.

DEUXIÈME PARTIE

L'Annexe secrète

Pour Edith Frank, cet instant a dû être bouleversant. Quand elle répond à la porte, un facteur lui remet une lettre du Bureau central de l'émigration juive. Sans doute pense-t-elle d'abord qu'Otto va être envoyé dans un camp de concentration.

Mais la lettre s'adresse à Margot.

Margot doit se rendre au Bureau central et, de là, prendre un train pour Westerbork, un camp de transit néerlandais. C'est un endroit où on garde les gens en attendant de les envoyer à l'extérieur du pays dans un camp de travail, qui est en réalité un camp de concentration. Elle doit préparer ses draps et ses couvertures et des vivres pour trois jours.

Otto n'est pas là. Edith dit à Margot que la lettre est pour son père et qu'elle doit sortir. Elle se rend chez Hermann van Pels, l'associé d'Otto, et demande aux filles de ne pas répondre à la porte.

« J'étais en état de choc », écrit Anne dans son journal après avoir entendu la nouvelle concernant son père. Anne et Margot se rassurent malgré tout en se rappelant ce que Pim avait dit à de nombreuses reprises : que la famille ne se séparerait jamais.

Quand Hello vient voir Anne, personne ne répond à la porte. Dans son journal, Anne écrira qu'elle entendait sa mère et Hermann van Pels, qui étaient de retour, parler à Hello et le renvoyer chez lui. Pourtant, plusieurs années plus tard, Hello ne se souviendra que du silence derrière la porte et de la déception qu'il avait ressentie alors.

Une fois dans leur chambre, Margot, qui a entendu la vérité, explique à Anne que la lettre la concerne, pas leur père. Anne éclate en sanglots. C'est déjà assez terrible de s'en prendre à des hommes adultes, mais à des filles de 16 ans! Dans tous les Pays-Bas, durant cette fin de semaine, des milliers de jeunes vont recevoir la même lettre et des milliers de familles vont être déchirées. Certains adolescents sont prêts à partir, car ils croient que les camps de travail sont de vrais camps de travail. *Je suis fort*, disent-ils à leurs parents, qui refusent de les laisser partir. D'autres jeunes veulent à tout prix rester chez eux, mais leurs parents insistent pour qu'ils partent, sinon toute la famille sera en danger.

À cinq heures, Otto rentre à la maison. La famille discute alors du plan qu'il a élaboré. Eux quatre et les van Pels vont entrer dans la clandestinité. Après avoir vécu neuf ans sous le ciel intense et nuageux des Pays-Bas, ils vont s'immerger. Ils vont devenir des *onderduikers*, qui plongeront dans l'océan et ne remonteront à la surface que lorsqu'ils pourront le faire en toute sécurité.

Pendant un an, Otto et Edith ont fait des préparatifs. Ils avaient prévu se cacher le 16 juillet, mais voilà qu'ils doivent le faire 10 jours plus tôt. Au printemps, Otto avait demandé à Miep si elle accepterait de les aider et de s'occuper de leur ravitaillement. Elle avait accepté sans hésitation.

Otto lui avait rappelé que, si on la surprenait en train d'aider des Juifs, elle risquait d'être envoyée dans un camp de concentration. « C'était dangereux, dira-t-elle plusieurs années plus tard, mais c'était mon choix. »

Où vont-ils se cacher? Anne veut le savoir. En ville, à la campagne, dans une maison, dans une cabane? Son père refuse de répondre. Mais, dit-il, ce ne sera que pour quelques semaines, peut-être quelques mois.

En fait, ils resteront cachés pendant 25 mois.

La veille du départ, la famille doit faire très attention. Ils ont un locataire, un homme dans la trentaine, qui ne se couche pas avant 22 heures. À 23 heures, Miep et son mari, Jan, viennent chercher des sacs d'effets personnels pour les apporter à la cachette. Miep se souviendra plus tard que les yeux d'Anne « étaient grands comme des soucoupes et exprimaient un mélange d'excitation et de grande frayeur ». Otto a l'idée de laisser un bout de papier, comme par hasard, indiquant une adresse en Suisse. Le locataire – et éventuellement tout le monde – supposera ainsi que la famille Frank est partie en Suisse.

On demande à Anne et à Margot de remplir leur cartable avec tout ce qui compte le plus pour elles.

La première chose qu'Anne met dans sa sacoche, c'est évidemment son journal intime. C'est une façon pour elle d'être accompagnée d'elle-même : où que son journal soit, elle ira aussi.

Elle y met ensuite des bigoudis, des mouchoirs, des livres, un peigne et quelques vieilles lettres. « J'y ai mis n'importe quoi, écrit-elle, mais je ne le regrette pas. Les souvenirs comptent plus pour moi que les robes. » Ce qui la chagrine, cependant, c'est d'abandonner Moortje. Ils laisseront une note demandant que les voisins s'occupent du chat. Bien que cette nuit-là soit la dernière qu'Anne va passer dans son lit, elle s'endort tout de suite.

δδ

Le matin du 6 juillet, il pleut. Une pluie chaude et régulière, typique des étés néerlandais.

Edith réveille Anne à cinq heures et demie. L'adolescente doit se vêtir en couches : deux chemises, trois culottes, une robe, une jupe, une veste, un imperméable, deux paires de bas, des chaussures, un bonnet, une écharpe et « bien d'autres choses encore », écrit-elle dans son journal. « On aurait dit qu'on allait passer la nuit dans un réfrigérateur. » C'est ainsi qu'ils font leurs bagages. Les Juifs n'ayant pas le droit de voyager, il ne faut surtout pas les voir avec des valises.

Margot quitte la maison la première, avant sept heures et demie, en compagnie de Miep. Elle prend son vélo et ne porte pas son étoile juive jaune. Ces deux actes auraient pu la conduire tout droit en prison. « Margot avait l'air en état de choc », se souviendra Miep plus tard. Elles traversent le centre-ville en vélo et se dirigent vers la maison située à l'arrière du bureau d'Otto. C'est la cachette. Margot doit attendre les autres, toute seule, à l'étage. Ce doit être un moment étrange et angoissant pour elle.

Peu après le départ de Margot, Anne et ses parents partent à pied. Ils sont trempés. Le trajet de plus de trois kilomètres à travers la vieille ville leur prend environ une heure. Anne est-elle surprise que leur cachette soit au 263 Prisengracht, là où elle et Hanneli jouaient souvent? Elle en parle d'un ton très neutre dans son journal. Elle y décrit chaque petit détail à l'intention de Kitty, entre autres l'escalier « à entorses » qu'il faut prendre pour accéder à une série de pièces humides et mal entretenues. Cet endroit constitue l'univers dans lequel sa famille va plonger.

Dans son journal, Anne ressemble à un guide touristique qui conduit d'abord Kitty dans les deux étages inférieurs. Un grand entrepôt s'étend dans les deux bâtisses, avant et arrière. Il comporte une pièce où on moud la cannelle, les clous de girofle et le « substitut de poivre » (en temps de guerre, il est impossible de trouver certaines vraies épices). Le père de Bep et quelques assistants travaillent ici, mais ils ne savent pas que des gens vont s'y cacher. Au deuxième étage, les deux maisons sont séparées. La maison de devant comporte un vaste bureau qui donne sur le canal, un bureau « très grand, très clair et très plein », note Anne. Bep, Miep et le comptable, M. Kleiman, y travaillent. Elle fait ensuite passer Kitty dans une alcôve où se trouve le coffre-fort du bureau, pour arriver dans une pièce mal aérée au fond, soit le bureau de M. Kugler. Lui et M. Kleiman gèrent les entreprises. Elles traversent ensuite un couloir étroit pour parvenir à la maison du fond et, après avoir monté quatre marches, accéder au bureau privé d'Otto « le joyau de tout le bâtiment », tel que le décrit Anne. « Des meubles élégants en acajou, du linoléum recouvert de tapis, une radio, une belle lampe, tout est chic. » À côté, il y a une grande cuisine et des toilettes avec eau chaude.

En montant un autre escalier, Kitty se trouve maintenant sur le palier du troisième étage. La porte de gauche donne sur des pièces d'entreposage situées dans la maison de devant. Et la porte grise sur la droite? Elle donne sur ce qu'Anne appellera l'Annexe secrète de la maison de derrière. Miep et son époux, Bep et son père, M. Kleiman et M. Kugler sont tous dans le secret. Ces protecteurs vont aider les clandestins pour que ceux-ci ne soient pas découverts.

« Personne ne soupçonnerait qu'il y a autant de pièces derrière cette simple porte grise », écrit Anne. À gauche, au bout d'un couloir étroit, se trouve une pièce qui est la chambre à coucher d'Otto et d'Edith le soir et une pièce familiale commune durant la journée. À droite, une pièce de la même largeur que sa fenêtre est « la chambre à coucher et la salle d'étude des deux demoiselles de la famille », explique Anne. Ces pièces, se souviendra Miep plus tard, avaient des boiseries vert foncé et du vieux papier peint jauni qui se décollait. En montant un autre escalier abrupt, on arrive à une autre pièce qui a surpris Anne : « une pièce si grande, claire et spacieuse dans une si vieille maison sur le canal ». Elle comporte une cuisinière et un évier et fait office de cuisine, de salle à manger, de salle de séjour et de salle d'étude pour tout le monde durant la journée, et de chambre à coucher pour M. et Mme van Pels le soir. Une toute petite pièce, juste à côté, sert de chambre à coucher pour leur fils de 15 ans, Peter. Cette pièce possède une échelle menant à un grand grenier. « Voilà, je t'ai présenté toute notre belle Annexe! » dit Anne à Kitty.

C'est le monde à l'envers.

Anne est devenue une adolescente, prête à s'ouvrir au monde.

La jeune fille entre dans la clandestinité. Elle est submergée.

§❦

Quelques mois plus tard, elle ajoute sur la première page de son journal : « Oh, comme je suis contente de t'avoir emporté! » Miep avait bien dit qu'Anne parlait de ses amies comme si chacune d'entre elles était sa seule et sa meilleure amie. Quiconque lit le journal d'Anne ressent la même chose, comme si le lecteur est lui aussi le seul et le meilleur ami d'Anne. Kitty est là pour recevoir les confidences et Anne aime raconter des choses. Alors, elle écrit et écrit sans arrêt.

Ce qui s'appelle aujourd'hui le *Journal d'Anne Frank* a pris naissance sur le carnet à couverture en tissu qu'elle avait reçu pour ses 13 ans. Elle l'a rempli en moins de six mois. Elle a ensuite utilisé des cahiers d'école et des cahiers de bureau. Alors qu'elle approchait de ses 15 ans, elle a réécrit entièrement son journal tel qu'il était rédigé à cette date, sur des feuilles de papier calque bleu et rose pâle provenant du bureau et conservées dans un classeur. Elle écrivait des deux côtés de la page. Le journal tel que publié compte près de 350 pages. Elle n'écrivait pas tous les jours et sautait même parfois des semaines entières parce qu'elle était malade et alitée. Elle n'écrivait que dans sa chambre ou dans celle de ses parents et jamais en présence de quelqu'un d'autre. Elle écrivait en lettres circulaires ou bien utilisait une écriture script haute, penchée et élégante. Elle collait aussi des photos d'elle-même qu'elle accompagnait de légendes : « Quelle belle photo, n'est-ce pas!!! » écrira-t-elle à côté de l'une d'entre elles. Et à côté d'une autre : « Cette photo est horrible et je ne lui ressemble pas du tout. » Elle a passé 761 jours dans la clandestinité et elle a raconté exactement quelle épreuve cela représentait, à compter du tout premier jour.

❧❧

L'endroit est totalement en désordre. Des cartons s'entassent du sol au plafond, contenant tout ce que l'on a apporté à l'Annexe pendant des mois. Margot et Edith sont incapables de bouger. Elles sont « fatiguées, malheureuses et je ne sais quoi encore », note Anne. Anne et son père, « les deux rangeurs » de la famille, travaillent pendant des heures. Ils sont si occupés qu'ils ne s'arrêtent même pas pour manger. Ils déballent les cartons, remplissent les placards, cousent des rideaux pour dissimuler les fenêtres, enfoncent des clous et frottent les planchers. Ils essaient de transformer ses pièces humides en un chez-soi. Ils ont même des meubles provenant de leur appartement, que sa mère avait soi-disant emportés pour être réparés. Anne enjolive sa chambre en collant sur les murs des photos de stars de cinéma et des enfants de la famille royale d'Angleterre ou de celle des Pays-Bas, des portraits de Léonard de Vinci et de Rembrandt, des découpages de jolis bébés, une photo de chimpanzés en train de prendre le thé et une photo d'une rose rose. « Il n'y a probablement pas de cachette plus confortable dans tout Amsterdam, écrit Anne. Et même dans tous les Pays-Bas. »

Elle avait raison. La plupart des familles qui doivent se cacher sont obligées de se séparer car il n'y a pas suffisamment de place pour tout le monde au même endroit. De plus, en se séparant, les familles diminuent le risque d'être découvertes. Certaines cachettes, telles que le vide sanitaire sous les lattes du plancher d'une maison, étaient si exiguës qu'on ne pouvait même pas y tenir debout. Certains enfants sont envoyés à la campagne en tant que « cousins » de familles chrétiennes. Une grande partie des Juifs néerlandais qui se sont cachés ont survécu, 16 000 sur 25 000. Les 9 000 autres, dont Anne et sa famille, se sont fait prendre à un moment ou à un autre.

ॐॐ

Le lendemain de l'entrée des Frank dans la clandestinité, Hanneli se rend à leur appartement pour y chercher une balance de cuisine. « C'était une belle journée », se souviendra Hanneli plus tard, après la forte pluie de la veille. Elle sonne plusieurs fois à la porte. Le locataire finit par lui répondre. « Tu ne savais pas que les Frank étaient partis en Suisse? » demande-t-il à Hanneli.

Tous les amis d'Anne ne tardent pas à être au courant. Hanneli retourne à l'appartement, cette fois-ci accompagnée de Jacque. Le lit d'Anne n'est pas fait et ses vêtements sont éparpillés partout alors que sa chambre était normalement toujours très ordonnée.

ॐॐ

Hermann, Augusta et Peter van Pels emménagent dans la cachette une semaine après les Frank. Les sept personnes qui, pour plaisanter, appellent leur nouveau foyer « l'orphelinat », s'installent dans une routine dont les règles sont aussi strictes que celles

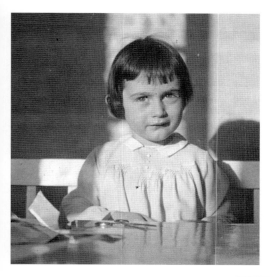

Anne Frank, à l'âge de trois ans, dans un rayon de soleil. Elle habite encore en Allemagne, mais sa famille va bientôt fuir le gouvernement nazi d'Hitler et s'installer aux Pays-Bas.

Anne, endimanchée et âgée d'environ huit ans, regarde sa montre à l'extérieur du bureau de son père, dans le centre-ville d'Amsterdam.

Anne adore les chiens; celui-ci s'appelle Dopy. Anne a maintenant 10 ans.

Anne à l'école, à l'âge de 12 ans, un an avant qu'elle commence à tenir son journal. On remarque la façon originale qu'elle a de tenir son crayon, entre l'index et le majeur.

Anne, juste avant ses 13 ans. Elle a un beau sourire, mais ses dents légèrement irrégulières la gênent un peu. Sa famille entrera dans la clandestinité quelques mois plus tard.

Vue aérienne du vieux centre-ville d'Amsterdam. La maison où
s'est cachée la famille Frank, dans les pièces qu'Anne a baptisées
« l'Annexe », est indiquée en blanc. Devant la maison, se trouve le

canal et en arrière, le marronnier qu'Anne aimait tant. Sur la droite,
on peut voir l'église de l'Ouest (Westerkerk) avec son haut clocher.

La bibliothèque pivotante construite spécialement pour dissimuler la porte qui menait à l'Annexe.

La chambre à coucher de l'Annexe qu'Anne partageait d'abord avec Margot, ensuite avec le Dr Pfeffer. L'Annexe entière a été vidée à la suite de l'arrestation des clandestins. Après la guerre, cette pièce a été provisoirement remeublée pour cette photo. Elle est de nouveau vide, mais les photos qu'Anne avait collées sur les murs y sont toujours.

cuisine, la salle à manger et la salle de séjour que partageaient tous les
ndestins étaient en même temps la chambre à coucher de M. et Mme van Pels.
tte pièce, qui a été, elle aussi, provisoirement remeublée, est désormais vide.

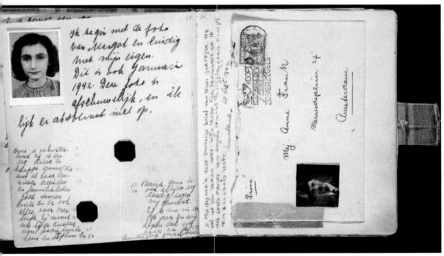

Quelques-unes des premières pages du journal d'Anne. Elle y parle
de sa grand-mère (dont il manque la photo) et y a inséré une
« lettre merveilleuse » que son père lui avait écrite plusieurs années
auparavant. Anne trouvait « horrible » cette photo d'elle, prise à 12 ans.

Vue de la rue sur le 263 Prinsengracht, l'immeuble de bureaux
situé à l'avant de l'Annexe. Cette photo a été prise de nombreuses
années après la guerre, alors que le bâtiment était devenu un
musée retraçant l'histoire d'Anne et la résonance de cette histoire
sur le monde actuel.

qu'elles devaient observer dehors, sous l'occupation allemande.

Après les heures de travail, ils peuvent faire du bruit, mais durant les heures de bureau, ils doivent chuchoter, marcher sans chaussures, ne pas ouvrir les robinets et ne pas tirer la chasse d'eau. Bref, ils doivent être « aussi tranquilles qu'un souriceau », note Anne. Qui aurait pu croire, demande-t-elle à Kitty, « que la pétulante Anne serait obligée de rester si tranquille pendant des heures et, qui plus est, en serait capable? » Même si un certain nombre de protecteurs travaillent à l'étage inférieur, il y a aussi, en permanence dans le bureau, des employés qui ne sont pas au courant de la cachette et qui ne doivent surtout pas la découvrir. Le seul moyen de se débarrasser des ordures consiste à les brûler dans le poêle, jusqu'à la moindre pelure de pomme de terre, car tout ce qu'on laisse traîner dans une poubelle risque d'être remarqué. « Le moindre geste insouciant, et on est pris! » écrit Anne, résumant ainsi la terreur qui ne les quittera jamais, pas un seul instant.

Les jours de semaine, ils doivent tous se lever à sept heures. Ils retirent des fenêtres le papier assombrissant, aussi épais que du carton, qu'ils y placent tous les soirs. À tour de rôle, ils utilisent des petites toilettes où il n'y a que de l'eau froide, situées à l'extérieur de la chambre des Frank. Tout le monde doit être habillé et prêt à huit heures et demie, les lits poussés et les tables tirées.

Miep vient, en général, de bonne heure. C'est toujours un moment difficile pour elle. Cela commence toujours par un silence quand ces sept personnes, avec tous leurs besoins et leurs peurs, la regardent fixement car ils comptent entièrement sur elle.

Anne est celle qui brise le silence et assaille Miep avec ce que celle-ci appellera plus tard « un feu roulant de questions » : « Bonjour, Miep. Que se passe-t-il? Quelles sont les nouvelles? As-tu entendu les dernières nouvelles? Qu'est-ce qu'il y a dans ce sac? » et aussi « Comment va Moortje? » Le chat, qu'Anne appelait « son point faible », lui manque terriblement. À chaque fois qu'elle pense à lui, elle a les larmes aux yeux. « Et mes vêtements, mes affaires... est-ce que tu as apporté mes affaires de chez moi, Miep? Tu les as apportées, Miep? » Et elle s'enquiert de ses amies : « Est-ce qu'elles se sont cachées comme nous? » Jacque habite en face de chez Miep. A-t-elle des nouvelles d'elle?

Miep doit aussi leur apporter les nouvelles du monde, des nouvelles qui ressemblent au ciel changeant néerlandais et qui s'assombrissent de plus en plus. À la fin du mois de juillet, 6000 Juifs ont déjà quitté les Pays-Bas en direction des camps de concentration. Et les Juifs qui restent n'ont plus le statut de citoyens, c'est-à-dire qu'ils n'ont plus aucun droit.

En matière de ravitaillement, les Frank et les van Pels ont 300 livres de haricots, des tonneaux de pommes de terre, des boîtes de conserve de poisson, de fruits et de légumes. Ils ont aussi des flocons d'avoine et du riz, et Hermann van Pels fait du salami en utilisant les épices de l'entrepôt. Tous les jours, Bep leur apporte du lait, et M. Kleiman, du pain, et Miep est responsable du reste, de la viande et des légumes frais. Elle fait les courses dans plusieurs magasins, notamment chez un boucher qui est un ami d'Hermann. Dans les semaines précédant son entrée dans la clandestinité, Hermann avait emmené Miep chez ce boucher en lui disant de rester simplement à côté de lui pendant qu'il faisait ses achats. Une fois arrivé dans la cachette, Hermann avait dit à Miep de retourner chez le boucher et lui avait donné une liste. Quand le boucher avait vu Miep, il lui avait donné autant de viande que possible, mais ils n'avaient pas échangé un seul mot.

Le père de Bep a fabriqué une bibliothèque pour coincer la porte grise ordinaire. « Elle pivote sur ses gonds et s'ouvre comme une porte », écrit Anne. Des livres de comptes vides noirs et blancs remplissent les étagères. Ce subterfuge donne la merveilleuse illusion qu'il n'y a pas de porte grise et rien derrière : pas de pièces secrètes et pas de gens qui se cachent. Des années plus tard, Otto dira combien ils avaient tous été touchés de savoir que ses employés « avaient été des protecteurs prêts à faire des sacrifices, et de véritables amis dans des moments où les forces du mal avaient le dessus. »

§§

M. Kleiman leur apporte des livres et, chaque semaine, Miep emprunte cinq livres à la bibliothèque. Anne, Margot et Peter font leurs devoirs tous les matins. Ils étudient les langues, l'histoire, les sciences, la géométrie et la géographie. Otto leur donne des devoirs qu'il corrige ensuite. Margot travaille inlassablement. Au cours de la journée, Anne étudie parfois la culture du café au Brésil, les singes du Vieux Monde et du Nouveau Monde, le nombre de doigts chez l'hippopotame, les récits de la Bible et

« puis une comparaison entre le Mississipi et le Missouri ».

Et elle fait toujours des histoires quand il s'agit de la matière qu'elle déteste le plus. « Je refuse carrément de faire ces maths tous les jours », écrit-elle. Peter a grandement besoin d'aide et Otto est content de la lui fournir. Grâce à un cours par correspondance auquel Bep s'est inscrite, Anne et Margot apprennent la sténographie. Les adultes s'acquittent des tâches, comme le grattage des carottes ou l'épluchage des pommes de terre, lisent et tricotent.

À midi et demi, ils font une pause. Tous les employés du dessous sortent pendant une heure et demie, et l'un ou l'autre des protecteurs qui en a le temps vient leur rendre visite et dîner avec eux. Les longues heures de l'après-midi se passent à peu près comme celles du matin, à savoir lecture, étude, sieste, corvées de cuisine et conversations à voix basse. Étant donné que les fenêtres doivent toujours être couvertes, en journée par des rideaux et la nuit par du papier assombrissant, les pièces sont très humides en été et si chaudes que le beurre en fond.

À la fin de la journée de travail, un des protecteurs vient les avertir quand tous les employés sont partis.

Les sept clandestins descendent alors dans le bureau privé d'Otto, au deuxième étage, et ils se rassemblent autour de la radio. Ils écoutent des bulletins de nouvelles provenant d'Angleterre. Les nouvelles sur les autres stations sont sous le contrôle des Allemands. Otto et Hermann discutent affaires. Anne et Margot font des exercices d'étirement et de gymnastique. Il leur arrive même de danser. Pour tenir les filles occupées, Miep et Bep leur donnent des tâches de bureau. À la radio, ils écoutent aussi de la musique classique (Anne adore Mozart), ils jouent à des jeux de société comme le Monopoly et récitent des poésies.

Le moment du bain est un moment agréable de la soirée, l'occasion d'utiliser de l'eau chaude provenant du robinet situé dans la cuisine du bureau et de s'asseoir dans un baquet en bois. Anne transporte le baquet dans les grandes toilettes du bureau. « Je peux m'asseoir, allumer la lumière, fermer la porte à clé, vider l'eau sans l'aide de personne et tout ça sans craindre d'être vue », écrit Anne.

Les préparatifs du coucher débutent à neuf heures dans « un énorme remue-ménage », écrit Anne. On pousse les chaises, on tire les lits, on déplie draps et couvertures, « rien ne reste à la même place que durant la journée. » Ils se couchent aux environs de

22 heures. Anne dort sur un petit divan, tellement court qu'il faut le rallonger en ajoutant des chaises sur lesquelles elle pose sa tête.

Dans le grenier, se souviendra Miep plus tard, il y a des tonneaux de pommes de terre, du linge étendu et un petit atelier de menuiserie où Peter bricole avec des outils. Et aussi deux fenêtres qui vont avoir beaucoup d'importance pour Anne. L'une de ces fenêtres donne sur le marronnier, dans la cour. Anne passe des heures à contempler cet arbre et son évolution au fil des saisons. L'autre fenêtre est munie d'une lucarne qui, une fois ouverte, offre « le seul souffle d'air frais », comme le dira Miep. Elle donne sur la moitié supérieure du clocher de la Westerkerk, qui est si gros et si proche qu'on peut presque le toucher. Le carillon sonne tous les quarts d'heure, et les cloches sonnent les heures en plus de jouer de plus longues mélodies durant la fin de semaine. Anne dit à Kitty que Margot et ses parents trouvent ce bruit assourdissant. « Pas moi, dit-elle. Je l'ai tout de suite aimé; il me rassure, surtout la nuit. »

Voilà comment se déroule la vie d'Anne : quelques pièces pas suffisamment aérées, un clocher qui tinte, un arbre feuillu et rien qu'un tout petit pan du vaste ciel néerlandais. Pour elle, c'est à la fois une prison et un cocon. Elle est prise au piège, mais en même temps, elle mûrit et change. Elle n'est pas seule, évidemment, puisqu'ils vivent tous les uns sur les autres. Ses relations avec les autres clandestins vont changer, elles aussi, au fil des jours et des mois, surtout celles avec Peter.

Avec ses épais cheveux noirs et ses yeux bleus rêveurs, Peter est un beau et gentil garçon, d'après ce qu'en dira plus tard Miep. À première vue, Anne n'est guère impressionnée. Elle le présente à Kitty comme « un garçon timide, maladroit, dont la compagnie ne vaudra pas grand-chose. » Une semaine plus tard, elle écrit : « C'est un garçon détestable qui traîne au lit toute la journée... Quel idiot! » Bien qu'on le lui ait interdit, Peter a apporté son chat, Mouschi. Anne a un peu peur de ce chat noir maigrelet.

« Une grande famille », c'est ainsi qu'Anne décrit le groupe de clandestins. Une famille où il y a fréquemment des disputes. Mme van Pels a des querelles violentes avec son mari. « Je n'ai jamais vu ça, écrit Anne. Maman et papa n'auraient jamais l'idée de hurler ainsi. » Les deux époux van Pels se sentent libres de dénigrer Anne. « Ils critiquent tout, mais alors tout, de moi : mon comportement, ma personnalité, mes manières; chaque parcelle de moi, des pieds à la tête et inversement », écrit Anne. Elle se demande si elle est vraiment aussi mal élevée, indisciplinée, têtue, arrogante, idiote et paresseuse que les van Pels le prétendent. « Non, bien sûr que non », se répond-elle.

« Tu aurais dû vivre chez nous, lui dit un jour Mme van Pels, les enfants y étaient élevés comme ils devraient l'être. » Et pourtant, même Otto trouve que les van Pels ne sont pas de bons parents. Plusieurs années plus tard, il dira « qu'ils n'étaient pas bons du tout » pour Peter et que le garçon « ne recevait aucun soutien de ses parents ».

Ce qui énerve Anne, c'est de voir Mme van Pels flirter avec Otto. « Elle lui tapote la joue et la tête, remonte exprès sa jupe et fait des remarques soi-disant pleines d'esprit pour attirer l'attention de Pim. Heureusement, il ne la trouve ni belle ni intéressante. » Avant d'entrer dans la clandestinité, Edith et Mme van Pels étaient amies, mais sans plus. Maintenant, Edith trouve cette femme « vraiment trop stupide ». Sur ce point, pourtant, Anne et sa mère ne peuvent pas faire équipe. « Je ne peux absolument pas supporter maman, dit Anne en parlant de leur relation, qui se détériore de jour en jour. Je ne sais pas pourquoi j'ai une telle antipathie pour elle. »

Anne a l'impression que sa mère l'étouffe ou l'ignore. « Il faut que je sois ma propre mère », décide-t-elle donc.

À un âge où toute adolescente désirerait prendre ses distances envers sa mère, tant sur le plan physique qu'affectif, Anne est, bien sûr, incapable de s'en éloigner de plus de quelques pas. Elles sont constamment ensemble, jour et nuit, pendant des semaines, des mois, des années.

Quant à Margot, parfois, elles sont « très copines » alors qu'à d'autres moments, Anne écrit : « Margot est une peste (il n'y a pas d'autre mot), une source constante d'irritation, matin, midi et soir. »

Un soir, alors qu'ils sont en train de manger des « biscuits antimites » (des biscuits à la mélasse qu'ils rangent dans un placard rempli de boules antimites), Mme van Pels demande à Anne si elle pourrait en venir à aimer Peter comme un frère. « Oh non! » répond Anne, tout en songeant : « Oh, berk! »

Et pourtant, son opinion à l'égard de Peter se radoucit un peu. « De temps en temps, Peter est capable d'être très drôle », écrit-elle. Ils aiment tous les deux se déguiser. Un soir, il enfile une robe moulante de sa mère et Anne met un des costumes de Peter. « Les adultes étaient tordus de rire, dit Anne à

Kitty, et nous aussi, on s'est bien amusés. » Cet automne-là, Peter doit, un jour, déplacer des sacs de haricots des crochets où ils sont suspendus dans le couloir pour les transporter jusque dans le grenier. Il en avait déjà porté cinq sur six, des sacs de plus de 20 kilos, quand le dernier se déchire et « un déluge, écrit Anne, ou plutôt une grêle, de haricots bruns a jailli dans les airs » en faisant un bruit « à réveiller les morts ». D'abord abasourdi, Peter voit Anne qui se tient en bas de l'escalier « telle une île au milieu d'une mer brune, les vagues de haricots déferlant sur mes chevilles ». Il se met alors à rire. Par chance, personne n'a entendu le bruit, qui aurait pu éveiller des soupçons.

Au sein de l'Annexe, on craint en permanence que quelqu'un souffre d'une maladie beaucoup plus grave que les accès de fièvre récurrents d'Anne. Un jour, Otto se retrouve couvert de taches et il a une température élevée. « On dirait la rougeole, écrit Anne. Imagine-toi qu'on ne peut même pas appeler un docteur! » Heureusement, Otto s'en remet. Tout écart dans la routine quotidienne ajoute à la tension et au danger. Quand un plombier vient réparer des tuyaux à l'étage du dessous, les clandestins doivent « s'asseoir sans bouger et ne pas dire un mot », écrit

Anne. Pas même à voix basse. Pas même aller aux toilettes (ils doivent se servir d'un bocal). À une autre occasion, les clandestins pensent qu'un charpentier est sur le point de découvrir leur cachette. « Mes mains en tremblent encore, alors que ça fait deux heures que nous avons eu vraiment peur », note Anne. Ce genre de peur fait autant partie de leur vie quotidienne que la solitude, la promiscuité et l'ennui.

Et pourtant, ils sont conscients de la chance qu'ils ont. « Beaucoup de nos connaissances et de nos amis juifs sont arrêtés », écrit Anne. Elle mentionne aussi les conditions de vie épouvantables à Westerbork, le camp de transit où sont détenus les Juifs : « Les gens n'ont presque rien à manger, encore moins à boire... souvent, les femmes et les enfants ont la tête rasée. » La radio rapporte que, dans les camps de concentration, les Juifs sont tués au moyen d'un gaz mortel. *Peut-être la façon la plus rapide de mourir*, se dit Anne.

§§

« Nous nous sommes bien amusés lundi, écrit Anne à la fin du mois d'octobre. Miep et Jan ont passé la nuit avec nous. »

Anne et Margot ont dormi dans la chambre de leurs parents et Miep « a grimpé sur le petit lit dur d'Anne, se souviendra Miep plus tard, qui était étouffant avec toutes ses couvertures, une pile de couvertures, tellement de couvertures ». Elle a aussi entendu tous les bruits typiques de la nuit dans l'Annexe : « les gens qui toussent, le grincement des ressorts, le bruit d'une pantoufle qu'on laisse tomber à côté du lit, la chasse d'eau, le bruit des pattes de Mouschi qui atterrit quelque part au-dessus de ma tête ». Et l'horloge tonnante de la Westertoren. Même en travaillant en bas, elle n'avait jamais entendu cette horloge faire autant de bruit.

Elle n'a pas dormi de la nuit. Elle n'a même pas fermé l'œil de la nuit. « L'angoisse des gens enfermés ici était tellement grande qu'elle m'oppressait aussi, expliquera Miep. Pour la première fois, je comprenais ce que c'était que d'être un Juif clandestin. »

Le lendemain matin, Anne a, bien entendu, plein de questions à lui poser : « Est-ce que tu as bien dormi? L'horloge de la Westertoren t'a-t-elle dérangée? As-tu entendu le bruit des bombardiers en route vers l'Allemagne? Est-ce que tu as réussi à dormir malgré tout ça? » Miep essaie de cacher combien cette « longue nuit pleine de peurs » a été difficile pour elle. Mais Anne s'en rend quand même compte. « Anne affichait un air de satisfaction, dira Miep. Nous n'avons rien dit, mais nous savions toutes les deux que j'avais pu brièvement voir la situation de l'intérieur. »

Anne a changé. Au cours des trois premiers mois de clandestinité, elle a pris huit kilos et, pendant cette première année, elle a grandi de 10 centimètres. On peut connaître parfaitement Anne l'adolescente à cette époque grâce à son journal, mais on ne pourra jamais voir la personne qui l'a écrit. Les nombreuses photographies d'Anne ont toutes été prises dans son jeune âge, avant son entrée dans la clandestinité.

« Ce qu'Anne trouvait de plus beau chez elle, c'étaient ses cheveux châtain foncé, épais et brillants », se souviendra Miep, des cheveux presque noirs. Elle les peigne plusieurs fois par jour, en se couvrant toujours les épaules avec ce que Miep décrira comme « un châle triangulaire en coton fin beige, décoré de roses bleues, vert clair et roses et d'autres petits motifs. » Tous les soirs, Anne se met des bigoudis, Margot aussi d'ailleurs. Anne se fait aussi les ongles et se décolore la lèvre supérieure.

Au cours de cet automne pluvieux, froid et morose, Miep a également remarqué des changements chez les autres clandestins. Edith, maintenant âgée de 42 ans, devient de plus en plus sombre, dira Miep. Même lorsque la radio annonce de bonnes nouvelles relatives à la guerre avec l'Allemagne, Edith

« ne voit pas la lumière au bout du tunnel ». Depuis qu'elle vit aux Pays-Bas, Edith a toujours regretté l'Allemagne. Elle doit désormais regretter la vie qu'ils ont laissée derrière eux. Deux regrets accumulés.

Chaque fois qu'on force les familles juives à quitter leur domicile, un camion de la compagnie Puls vient chercher tous leurs biens. Par hasard, Miep est présente quand la maison des van Pels est vidée, qu'elle est « pulsée », comme on dit. Quand Miep le mentionne à Mme van Pels, celle-ci fond en larmes. À partir de ce jour-là, Miep s'efforce de ne plus annoncer de mauvaises nouvelles, mais Anne devine toujours quand Miep leur cache quelque chose. « Elle faisait tout pour me soutirer des informations et me regardait avec une telle insistance que je finissais par avouer ce que j'avais décidé de ne pas révéler, dira Miep. Anne aurait fait un excellent détective. »

§§

« Grande nouvelle! dit Anne à Kitty en novembre. Nous allons héberger un huitième clandestin! »

L'idée vient de Miep. Le docteur Frederick Pfeffer, surnommé Fritz, est le dentiste de Miep, et les Frank le connaissent par le biais des réunions qu'ils organisaient autrefois le samedi après-midi. Ce n'est pas surprenant de la part de Miep de continuer à voir cet « homme très, très gentil », comme elle dit, et de ne faire aucun cas de la loi dictant que seuls les Juifs peuvent aller chez les médecins juifs.

Le Dr Pfeffer est très surpris en arrivant dans la cachette. Les Frank n'avaient-ils pas fui le pays? « On aurait dit qu'il allait tourner de l'œil », dira Miep.

Bizarrement, le Dr Pfeffer emménage dans la chambre d'Anne, et Margot couchera dans la chambre de ses parents. Et voilà qu'Anne se retrouve avec un compagnon de chambre de 53 ans, une situation qui ne tarde pas à devenir agaçante pour tous les deux. Moins de deux semaines plus tard, Anne décrit le Dr Pfeffer comme un « donneur de leçons vieux jeu toujours prêt à faire de longs sermons sur les bonnes manières ». Miep admettra plus tard que les « manières guindées » du Dr Pfeffer énervaient réellement Anne. Celle-ci n'a jamais su grand-chose de la vie du Dr Pfeffer, pas même qu'il avait un fils de 15 ans qui vivait à Londres.

Les jours d'hiver sont courts. Il ne fait jour qu'à neuf heures, et la nuit tombe à quatre heures et demie. Miep remarque encore d'autres changements dans l'Annexe. À la fin de 1942, « certaines personnes du dessus avaient perdu le moral, dira-t-elle. On voyait bien que la relation entre Edith et Mme van Pels était « artificielle ». Un jour, Edith lance à M. van Pels : « Je ne suis plus capable de supporter vos bavardages stupides. » Peter passe de plus en plus de temps seul dans le grenier. Le teint d'Anne est devenu pâle et terreux. Margot, elle, « pouvait rester assise immobile pendant des heures », dira Miep.

À longueur de journée, le Dr Pfeffer bombarde Anne de *chut, chut*. Et la nuit aussi, chaque fois qu'elle se tourne dans son lit ou qu'elle fait bouger les chaises placées sous sa tête. « Franchement, dit-elle à Kitty, c'est difficile d'être le centre d'attention mal élevé d'une famille de pointilleux... Tout le monde me trouve prétentieuse quand je parle, ridicule quand je me tais, insolente quand je réponds, rusée quand j'ai une bonne idée, paresseuse quand je suis fatiguée, égoïste quand je mange une bouchée de trop, stupide, lâche, calculatrice, etc... J'ai le caractère que j'ai et je sais que je ne suis pas une mauvaise personne. Je fais de mon mieux pour faire plaisir à tout le monde, bien plus encore que ce qu'ils peuvent s'imaginer. »

Parfois, quand le bureau est fermé, Anne s'assoit en bas et regarde à travers une fente du rideau. Et ce qu'elle voit dehors la touche beaucoup. Des enfants « sans manteau, sans chaussettes, sans casquette, et personne pour les aider. Ils grignotent une carotte pour soulager leurs tiraillements d'estomac. » Toutes les nuits, les Allemands patrouillent dans les rues et arrêtent le plus grand nombre de Juifs possible. « Le soir, quand il fait nuit, écrit-elle, je vois souvent de longues files de gens innocents, accompagnés par des enfants en pleurs, marchant sous les ordres d'une poignée d'hommes qui les bousculent et les battent quasiment jusqu'à ce qu'ils s'effondrent. Je me sens mauvaise de dormir dans un lit douillet alors que quelque part, mes amis les plus chers tombent d'épuisement ou sont jetés à terre... Et tout ça parce qu'ils sont juifs. »

⁂

En contraste direct avec le monde, l'écriture d'Anne devient de plus en plus belle. Par la fenêtre, elle voit une péniche sur laquelle le capitaine vit avec sa famille. Elle écrit : « Il a un petit chien qui jappe. Nous connaissons le chien, rien que par son jappement et par sa queue, que nous apercevons chaque fois qu'il court sur le pont... Je suis maintenant capable de reconnaître les femmes au premier coup d'œil : grosses à force de manger des pommes de terre, vêtues d'un manteau rouge ou vert et chaussées de chaussures usées, un sac à provisions sur le bras, le visage sombre ou gai, selon l'humeur de leur mari. »

« Devine ce qui nous est arrivé », écrit Anne en février 1943. L'incident est une vraie source d'inquiétude. Le propriétaire des immeubles situés au 263 Prisengracht les a vendus sans le dire à aucun des employés de bureau. Quand le nouveau propriétaire est arrivé sur les lieux pour une inspection, les gens d'en bas ont prétendu qu'ils n'avaient pas la clé des étages supérieurs. Le nouveau propriétaire n'a pas insisté, mais Anne craint qu'il ne revienne et ne demande à voir l'Annexe. « Alors, là, on serait dans le pétrin! » note-t-elle. Miep aussi a très peur et elle dira plus tard : « Le nouveau propriétaire aurait pu faire ce qu'il voulait. »

Les peurs d'Anne s'amplifient la nuit. Elle a une vision d'Hanneli et la raconte ainsi à Kitty : « Je l'ai vue là, vêtue de haillons, le visage amaigri et fatigué. Elle me regardait avec, dans ses yeux immenses, une grande tristesse et un air de reproche. » Anne dort de façon tellement intermittente qu'elle a les yeux de plus en plus cernés. Des centaines d'avions alliés passent au-dessus des Pays-Bas pour aller bombarder l'Allemagne, et l'artillerie antiaérienne allemande les attaque en retour. Ces canons « tonnent jusqu'à l'aube, écrit-elle, en faisant tellement de bruit qu'on ne s'entend pas parler soi-même ». Presque toutes les nuits, elle se réfugie dans le lit de son père. Elle en est un peu gênée, mais elle dit à Kitty : « Je voudrais t'y voir quand ça t'arrivera! » Une nuit, Anne supplie son père d'allumer une bougie, mais il refuse de le faire. Après une autre attaque antiaérienne, Edith se glisse hors de son lit et allume une bougie, ce qui fâche beaucoup Otto. « Après tout, Anne n'est pas un ancien soldat! » déclare Edith pour justifier le droit de sa fille d'être terrifiée.

En mars, les clandestins croient que des cambrioleurs sont entrés par effraction en bas. Il ne manque rien, mais si quelqu'un avait remarqué des chaises réunies autour de la radio, une radio réglée sur une station anglaise?

L'été venu, les réserves sont épuisées. Ils doivent utiliser le papier où sont écrites les recettes de fraises en guise de papier hygiénique. Le seul shampooing à leur disposition est « un détergent liquide très gluant », comme le décrit Anne, qui fait du lavage des cheveux « une tâche pas facile ». Il devient également difficile de se démêler les cheveux mouillés car le peigne de la famille n'a plus que 10 dents. Le savon synthétique ne donne pas une sensation de propreté et laisse une pellicule grise sur l'eau.

La nourriture est maintenant « horrible », note Anne. Au dîner, on mange « soit des épinards, soit de la laitue cuite, avec des grosses pommes de terre qui ont un goût douceâtre de pourri. Si vous voulez suivre un régime amaigrissant, l'Annexe est l'endroit rêvé! » Ils doivent passer des heures à gratter la moisissure sur les haricots avant de pouvoir les manger. « L'odeur dans la cuisine est un mélange de prunes avariées, d'œufs pourris et de saumure », dit Anne à Kitty. « Berk! Rien qu'à l'idée de manger ça, j'ai le cœur qui lève! » Plus tard, Anne parle de « cycles alimentaires », ce qui veut dire qu'ils mangent le même aliment jusqu'à ce que la réserve en soit épuisée : concombres, tomates, chicorée... « chicorée avec sable, chicorée sans sable », écrit Anne. Une autre fois, c'est de la choucroute. Ce n'est vraiment pas drôle de manger de la choucroute tous les jours au dîner et au souper, dit Anne, « mais si on a suffisamment faim, on est prêt à tout. »

Anne est furieuse quand elle découvre du pain, du fromage, de la confiture et des œufs dans le placard du Dr Pfeffer. C'est « vraiment honteux », écrit-elle, venant d'un homme qu'ils ont « traité avec tant de

bonté et que nous avons sauvé de l'extermination. »
Il « baisse de plus en plus » dans son estime « et il
était déjà au-dessous de zéro ».

Par la suite, Anne dit qu'ils ont entendu les mêmes
histoires de chacun d'eux un millier de fois. « Voilà
où on en est rendu : chaque fois que l'un d'entre nous
se met à parler, les sept autres sont capables de finir
l'histoire à sa place. On connaît la chute de chaque
blague avant même qu'elle soit racontée, alors la
personne qui la raconte est la seule à en rire. »

§§

« La petite Anne se transformait devant nos yeux,
expliquera Miep plus tard. Ses vêtements étaient
devenus trop petits et son corps changeait aussi ».
Les boutons sont devenus inutiles, dira-t-elle. « Il
était impossible d'essayer même de joindre bouton et
boutonnière. » Ses chemises étaient tellement courtes
qu'elles ne couvraient pas son ventre. « En arrivant,
c'était une fille, et c'est une femme qui est partie »,
dira Miep.

Miep dira qu'elle avait l'impression que, par
moments, Anne se trouvait belle et qu'à d'autres, elle
se trouvait laide. Un jour, Miep déniche une paire de
souliers à talons hauts en cuir bourgogne, d'occasion
mais en bon état, qu'elle apporte à Anne. « Je n'avais
jamais vu quelqu'un d'aussi content », se souviendra

Miep. Anne, qui est un vrai moulin à paroles, ne dit pas un seul mot. Elle se mordille la lèvre et marche dans la pièce avec ses nouvelles chaussures, d'un pas de plus en plus stable.

Miep essaie de faire du quatorzième anniversaire d'Anne un jour spécial en lui achetant « des bonbons et des friandises, des livres, du papier blanc et des objets d'occasion ». Anne aime particulièrement le livre sur les mythologies grecque et romaine. Les livres prennent de plus en plus d'importance pour elle. « Si je suis plongée dans un livre, il faut que je réajuste mes pensées avant de pouvoir discuter avec les autres », dit-elle à Kitty. Elle apprécie sincèrement Miep et les autres protecteurs, et à ce sujet, elle dit que « d'autres gens prouvent leur héroïsme sur le champ de bataille ou en résistant aux Allemands; nos protecteurs prouvent le leur en affichant tous les jours leur bonne humeur et leur affection ».

En juillet, un vrai cambriolage a lieu à l'étage du dessous. On vole la petite caisse, ainsi que des tickets de rationnement requis pour acheter du sucre. De plus, un avion allié est abattu non loin de là. De l'Annexe, on peut entendre une forte explosion et voir l'incendie. « Leur angoisse était telle, dira Miep en parlant des clandestins, qu'elle les a laissés épuisés et malades durant des jours. »

Et c'est ainsi que se termine la première année d'Anne dans la clandestinité.

§§

« Ils ont emporté les cloches de la Westertoren que nous aimions tant pour les faire fondre et s'en servir pour la guerre », écrit Anne à l'été 1943. La vie sans les cloches lui semble perturbante. Cet été-là, toutefois, elle se met à écrire de courtes histoires « que j'invente du début à la fin, dit-elle à Kitty à propos de son premier récit, et ça me plaît tellement que les fruits de ma plume commencent à s'accumuler. » Elle réécrit chaque histoire plusieurs fois avant de la recopier dans un grand livre de comptes intitulé *Contes et récits de l'Annexe*. La toute première histoire met en scène une fille nommée Kitty qui possède un chaton noir.

Dans un autre de ses contes, un vieux nain sage enferme un garçon et une fille dans une petite cabane pendant quatre mois. La fille est trop insouciante, le garçon, trop sérieux. Après avoir passé du temps ensemble, le nain leur apprend qu'ils ont tous les deux été transformés, rééquilibrés et terminés. Ils doivent « tirer le meilleur parti de leur vie ensemble ». Anne, qui ne lit jamais son journal intime à quiconque, lit parfois ses histoires à voix haute et elle aime quand une histoire a « beaucoup de succès » auprès de son auditoire. Elle se demande si elle ne pourrait pas publier ses contes sous un pseudonyme.

En septembre, l'Italie – l'associée principale de l'Allemagne – se rend face aux Alliés. Les clandestins sont fous de joie et se remettent à espérer que la guerre prendra bientôt fin. Malgré cette bonne nouvelle, « les relations ici à l'Annexe ne font que s'aggraver, note Anne. Nous n'osons plus ouvrir la bouche pendant les repas (sauf pour prendre une bouchée), car quoi que l'on dise, il y a toujours quelqu'un pour se vexer ou le prendre de travers. » Le dimanche est la pire journée de toutes. « Dehors, on n'entend pas un oiseau chanter et un silence de mort, oppressant, règne sur la maison et m'enveloppe comme s'il voulait m'attirer dans les profondeurs de l'enfer... J'erre d'une pièce à l'autre, je monte et descends l'escalier, et je me sens comme un oiseau chanteur à qui on a arraché les ailes et qui se cogne sans arrêt contre les barreaux de sa cage funeste. "Laissez-moi sortir, retrouver l'air et les rires!" s'écrie une voix en moi. »

Parfois, Anne est « aux anges » quand elle prend conscience de la chance qu'elle a de se trouver en lieu sûr et en compagnie de sa famille, mais elle écrit aussi :

« J'ai très envie de faire de la bicyclette, danser, siffler, découvrir le monde, me sentir jeune et savoir que je suis libre. » Elle est sans aucun doute « une adolescente qui a vraiment besoin de s'amuser ». Le simple fait de le noter lui permet de se sentir un peu mieux, dit-elle.

« Les adultes sont de tels idiots! », écrit Anne. Margot est devenue plus gentille et elle ne traite plus Anne comme « un petit enfant qui compte pour du beurre ». En revanche, les sentiments d'Anne pour sa mère s'endurcissent encore davantage. « Je suis incapable de regarder avec tendresse ces yeux froids, écrit Anne. Si elle avait ne serait-ce qu'une qualité que devrait avoir une mère compréhensive, de la douceur ou de l'affection ou de la patience ou quelque chose quoi, je continuerais d'essayer de me rapprocher d'elle. Mais pour ce qui est d'aimer cette personne insensible, cet être moqueur, cela devient chaque jour un peu plus impossible. »

Cet hiver-là, Miep remarque que « Mme Frank a commencé à avoir des comportements bizarres. » Quand Miep sort, Edith la suit jusque derrière la bibliothèque et elle reste plantée là « avec, dans les yeux, une expression de sollicitation », sans dire un mot. Miep commence donc à lui parler, à l'écart des autres. Edith lui confie alors sa profonde tristesse en ces termes : « Miep, je ne vois aucune issue. »

§❧

15 avril 1944. Anne a 14 ans et 10 mois. Elle dit à Kitty de se souvenir de ce « jour mémorable pour moi ». Elle a reçu son premier baiser. « J'étais vraiment très heureuse, écrit-elle. Il m'a donné un baiser, à travers mes cheveux, à moitié sur la joue gauche et à moitié sur l'oreille. »

Dehors, le printemps est superbe, « ni trop chaud ni trop froid, avec des petites averses de temps en temps », dit Anne, et le marronnier est de nouveau en feuilles et il commence à fleurir. Peter et Anne s'embrassent et s'embrassent encore, « pris de vertige, écrit-elle, nous nous enlacions, encore et encore, pour ne plus jamais nous arrêter, oh! »

Pourtant, alors qu'elle a 15 ans, Anne s'éloigne de Peter. C'est « encore un enfant qui, sur le plan affectif, a le même âge que moi », voilà comment elle le décrit. Elle craint qu'il ne puisse jamais devenir « un ami capable de me comprendre ». Face à ces sentiments confus, elle dit à Kitty : « Peter est adorable, mais j'ai fermé la porte qui mène à mon être intérieur; s'il veut un jour en forcer la serrure, il devra utiliser un levier plus solide! » Elle se demande ensuite : « Pourquoi cache-t-il toujours son être intérieur et ne me laisse-t-il jamais l'atteindre? »

Il compte trop sur elle, dit-elle, et il ne s'est fixé aucun but dans la vie. Anne sait précisément ce qu'elle veut faire, que ce soit dans l'immédiat ou plus tard. Elle veut aller vivre un an à Paris et à Londres, apprendre le français et l'anglais, et étudier l'histoire de l'art dans un monde « plein de robes splendides et de gens fascinants », dit-elle. Elle confie à Kitty que son « plus grand souhait, c'est de devenir journaliste et, plus tard, un écrivain célèbre ». Ce qu'elle dit en définitive, c'est : « Je suis bien décidée à écrire! »

De son côté, Peter n'a jamais cessé d'aimer Anne. Depuis deux ans, il avait à peine adressé la parole à Miep. Toutefois, peu avant l'anniversaire d'Anne, il s'adresse à elle et lui donne quelques pièces de monnaie en lui demandant d'acheter des fleurs pour la jeune fille. « C'est un secret, Miep », ajoute-t-il. « Bien entendu », lui répond Miep. Celle-ci ne réussit à dénicher que quelques pivoines lavande. Miep se souviendra plus tard que lorsqu'elle a donné les fleurs au jeune homme, « ses joues [de Peter] sont devenues toutes rouges ».

« Qui dans l'Annexe pourrait se douter de tout ce qui se passe dans la tête d'une adolescente? » dit un jour Anne à Kitty. Elle a demandé une fois à son père de ne pas tenir compte de l'âge de sa fille « puisque tous ces problèmes m'ont fait vieillir. »

« Quand je repense à la vie que j'avais en 1942, cela me semble tellement irréel, écrit-elle en mars 1944. L'Anne Frank qui profitait de cette existence merveilleuse était complètement différente de celle qui a mûri entre ces murs. » Elle revoit cette autre Anne Frank comme « une fille agréable, comique, mais superficielle, qui n'a rien à voir avec moi ». Après avoir eu une vie « remplie de soleil » et « avoir été adulée pendant des années », il lui a été difficile de « s'adapter à la dure réalité des adultes et des réprimandes », dit-elle. Les disputes et les accusations, « je n'arrivais pas à m'y faire », écrit-elle. La seule façon pour elle de les supporter, c'est de répondre du tac au tac. Les six premiers mois de l'année 1943 apportent leur lot de tristesse, « la prise de conscience de mes défauts et de mes travers ». Elle sent qu'elle est complètement seule pour faire face à la « difficile tâche » de s'améliorer, ce qu'elle parvient à faire « en analysant son comportement » et en regardant ce qu'elle fait de mal. Elle admet toutefois qu'il ne s'agit encore que d'une « tâche à demi terminée ». Elle prend conscience que « la beauté existe encore, même dans le malheur. Si on la cherche vraiment, on découvre toujours davantage de bonheur et on retrouve son équilibre. »

Même son attitude à l'égard des van Pels change. « Ils ne sont pas entièrement responsables des disputes », dit-elle. À l'image du ciel néerlandais, il y a en chacun de nous des pans de ciel bleu et des zones d'ombre grises.

L'humeur d'Anne oscille comme le balancier d'une horloge (un objet auquel elle s'est une fois comparée) et il arrive que ses pensées également oscillent, parfois même au moment où elle les exprime. « C'est un miracle que je n'aie pas abandonné tous mes idéaux, ils paraissent si absurdes et irréalistes, note-t-elle en juillet 1944. Et pourtant, je m'y raccroche parce que je crois qu'en dépit des circonstances, les gens sont foncièrement bons. » Et du même souffle, elle écrit : « Je vois le monde se transformer peu à peu en une jungle, j'entends le tonnerre se rapprocher, qui, un jour ou l'autre, va nous détruire nous aussi, je ressens la souffrance de millions de gens. »

Exactement de la même manière que la bonne Paula et la mauvaise Paula étaient deux aspects d'une seule et même personne, Anne se voit comme « divisée en deux ». Elle est capable de prendre du recul et de « s'observer comme si elle était étrangère à elle-même ». En avril 1944, elle écrit : « Tout d'un coup, l'Anne ordinaire a disparu et a été remplacée par la deuxième Anne. La deuxième Anne qui n'est jamais prétentieuse ni amusante, mais qui veut seulement aimer et être douce. » Personne ne connaît le beau côté de sa personne, écrit-elle en août. « Oh, je peux être un clown amusant pour un après-midi, écrit-elle, après quoi, tout le monde a eu sa dose de moi pour un mois. » Elle a peur que les gens ne se moquent de la deuxième Anne. « L'Anne douce ne se montre donc jamais en société, explique-t-elle. Je suis guidée par l'Anne pure qui est à l'intérieur de moi, mais à l'extérieur, je ne suis qu'une petite chèvre folâtre qui tire sur sa corde. » Elle écrit aussi : « J'ai pris la décision de mener une vie différente de celle des autres femmes et de ne pas devenir une simple femme au foyer. Ce que je vis ici constitue un bon départ pour une vie intéressante. »

Pour conserver tous ses livres et les pages de son journal, Anne utilise une vieille sacoche d'Otto. Tous les clandestins savent qu'ils ne doivent pas toucher à cette sacoche. « Les Frank croyaient au respect de l'intimité de chacun, y compris celle des enfants, et il y en avait si peu dans la cachette, dira Miep plus tard. Personne n'aurait osé toucher à ses papiers ou lire ses écrits sans sa permission. »

Durant l'été 1944, Miep a une conversation avec Anne, dont la protectrice se souviendra toujours. Jusqu'à cette date, Anne a été « comme un caméléon », comme la décrira Miep, qui « changeait constamment d'humeur, mais toujours avec la même gentillesse » et « avait toujours admiré et adoré » sa protectrice.

Un jour, Miep voit Anne occupée à écrire à son bureau près de la fenêtre, dans la chambre de ses parents. La pièce est sombre. Miep a réussi à s'approcher d'Anne avant que celle-ci ait remarqué sa présence. « En cet instant précis, j'ai vu une expression sur son visage que je n'avais jamais vue auparavant, dira Miep. Son regard exprimait une intense concentration, comme si elle avait un gros mal de tête. Ce regard m'a transpercée et je suis restée sans voix. Tout à coup, c'était une autre personne qui était en train d'écrire à cette table. »

C'est alors qu'Edith entre dans la pièce et se met à parler en allemand, une langue qu'elle ne parle que dans les situations tendues. « Eh oui, Miep, comme vous le savez, nous avons une fille qui écrit », fait-elle.

Anne se lève, ferme son carnet et dit à Miep : « Oui, et j'écris sur toi aussi. » Miep dira qu'Anne avait parlé « d'une voix sombre ».

Miep est bouleversée : « J'avais l'impression d'avoir interrompu un moment intime d'une amitié très, très intime. » Miep vient de comprendre que pour Anne, « son journal était devenu toute sa vie ».

Depuis le début, lorsque Anne avait espéré que son journal deviendrait une source de confort, cette amitié intime n'a fait que s'intensifier. « Je finis toujours par revenir à mon journal. Je commence à cet endroit et je finis à cet endroit parce que Kitty est toujours patiente », écrit-elle à un moment donné. Quelques mois plus tard, elle dit qu'elle a toujours été honnête avec Kitty : « Je n'ai jamais partagé mes opinions sur la vie ou mes théories longuement réfléchies avec personne d'autre que mon journal. » Au printemps 1944, à l'occasion d'un autre cambriolage à l'étage du dessous, les clandestins paniquent. L'un d'eux suggère de brûler la radio... ou bien le journal d'Anne. « Oh, non, pas mon journal, écrit Anne. Si mon journal disparaît, je disparaîtrai aussi! »

§§

Une nuit de mars 1944, un ministre du gouvernement néerlandais en exil à Londres annonce à la radio qu'après la guerre, tous les journaux et les lettres seront recueillis et publiés dans le but de dresser un « portrait de la lutte des Pays-Bas pour la liberté ». Aussitôt, Anne songe à se servir de son journal comme toile de fond d'un roman intitulé *L'Annexe secrète*. « Rien qu'au titre, dit-elle, les gens s'imagineraient qu'il s'agit d'une histoire policière. Plus sérieusement, ajoute-t-elle, 10 ans après la fin de la guerre, les gens trouveraient très drôle de lire comment les Juifs clandestins vivaient, ce qu'ils mangeaient et de quoi ils discutaient. »

Elle se met alors à réécrire son journal du début à la fin, à raison de six pages par jour, tout en y ajoutant de nouvelles entrées. Il lui arrive d'adoucir ses remarques concernant sa mère et les autres clandestins puisqu'elle a désormais un point de vue plus mûr sur les choses. « J'apaise ma conscience en me disant qu'il vaut mieux que les mots méchants soient écrits sur du papier au lieu que maman ait à les porter dans son cœur », écrit Anne.

Elle change même le nom de ses « personnages ». La famille van Pels s'appelle la famille van Daan. Miep et son époux, Jan Gies, deviennent Anne et Henk van Santen (il est intéressant de noter qu'Anne a donné son propre prénom à Miep). Pour le Dr Frederick Pfeffer, Anne choisit Albert Dussel, qui se traduit par Albert *Abruti*. Des années plus tard, le fils du Dr Pfeffer dira du nom donné à son père et du portrait qui en est fait qu'ils sont d'« une très grande inexactitude ». Le Dr Pfeffer était un homme qui aimait la vie et le sport, dira son fils, et pour son père, vivre dans une seule pièce, c'était comme « mettre un oiseau en cage ».

♦♦

À ce stade de la guerre, beaucoup de familles néerlandaises sont extrêmement pauvres et ont faim. Cambrioleurs et voleurs sont tellement nombreux qu'Anne parle d'enfants âgés de seulement huit ans fracassant les fenêtres des maisons pour voler tout ce qu'ils y trouvent. « Les gens n'osent pas laisser leur maison déverrouillée, pas même pendant cinq minutes, puisqu'à leur retour, ils pourraient ne plus rien retrouver de leurs affaires », note-t-elle.

Déjà, deux cambriolages ont eu lieu au 263 Prinsengracht, un au printemps et un en été. Le pire dans tout ça, c'est que quelqu'un aurait pu apercevoir ou entendre les clandestins. Une nuit, quelqu'un a appelé la police qui, en fouillant les bâtiments, se rend jusqu'en haut, devant la bibliothèque. Depuis quelque temps, le responsable des bureaux se doutait de ce qui se passait au 263 Prinsengracht. Quelques mois plus tôt, il avait découvert le portefeuille d'Hermann sur le plancher de l'entrepôt. Les cambriolages et les instants de négligence causent une immense angoisse chez Anne et les autres clandestins.

À la fin du printemps 1944, les nouvelles concernant la guerre s'améliorent considérablement. Le 6 juin 1944, appelé jour J, les troupes britanniques, américaines et canadiennes débarquent sur les plages de Normandie, en France, et commencent à repousser les Allemands. « *This is the day* » (C'est le grand jour), écrit Anne toute contente, en anglais, tel que la radio britannique l'a annoncé. « Le débarquement a commencé! » Otto accroche au mur une carte de l'Europe et, à l'aide de punaises de plusieurs couleurs, il indique la progression des forces alliées. À chaque nouvelle victoire, les punaises se rapprochent un peu plus des Pays-Bas.

« Grande nouvelle! écrit Anne le 21 juillet. On a tenté d'assassiner Hitler. » Elle prend garde de ne pas trop s'enthousiasmer à l'idée de la mort éventuelle d'Hitler, mais elle est quand même vraiment contente : « La perspective de retourner à l'école en octobre me rend trop heureuse pour être logique! Oh, ma chérie, n'ai-je pas dit à l'instant qu'il ne faut jamais prévoir les événements d'avance? Pardonne-moi, Kitty, mais ce n'est pas pour rien qu'on me qualifie de paquet de contradictions! »

৶ঌ

Aux environs de 10 h 30, le matin du 4 août 1944, un vendredi, Otto se trouve dans la chambre de Peter, qu'il aide avec son anglais. « Regarde, Peter, en anglais, le mot *double* ne prend qu'un seul *b*! » dit-il au jeune homme. Anne aussi apprenait l'anglais. « *Bad weather from one at a stretch to the thirty June* », écrit-elle à Kitty. « Je m'exprime bien en anglais, n'est-ce pas? »

Il fait chaud. Une odeur de poivre et de thym flotte dans l'air. Anne et Margot sont occupées à lire. En bas, cinq hommes pénètrent dans l'entrepôt. Quatre d'entre eux se rendent dans le bureau où travaillent Miep, Bep et Johannes Kleiman. « Restez assis et pas un mot », ordonne l'un des hommes. En levant les yeux de son bureau, Miep remarque qu'il tient un pistolet.

Parmi les cinq, trois sont des nazis néerlandais habillés en civil. Le quatrième porte un uniforme. Il s'agit d'un policier du Service de renseignements allemand. Ces quatre-là se dirigent vers le bureau de Victor Kugler, le directeur commercial de l'entreprise. « Vous avez des Juifs cachés dans cet immeuble », dit le nazi en uniforme à l'adresse de M. Kugler. Et ce n'est pas une question.

Au cours des 25 derniers mois, M. Kugler – de même que M. Kleiman, Miep et Bep – a fourni aux clandestins de l'Annexe nourriture, livres, nouvelles, cadeaux et amitié. À présent, il doit conduire les nazis à l'étage.

Otto et Peter lèvent les yeux du manuel d'anglais et aperçoivent un homme qui braque un pistolet dans leur direction. Ils lèvent alors les mains en l'air et descendent au rez-de-chaussée où se trouvent déjà Edith, Margot, Anne et les van Pels, tous les mains en l'air. Margot sanglote. Le dernier à les rejoindre est le Dr Pfeffer, un pistolet dans le dos.

Karl Josef Silberbauer, le nazi en uniforme, demande où sont rangés les objets de valeur. Il trouve la sacoche d'Otto et la renverse. Le journal d'Anne ainsi que toutes ses feuilles volantes s'éparpillent sur le plancher. Elle y avait rédigé sa dernière entrée trois jours plus tôt. Elle ne regarde même pas par terre. Silberbauer met l'argent et les bijoux dans la sacoche vide. On leur demande à tous de faire leur valise.

Silberbauer remarque la malle d'Otto, souvenir du temps où il était un lieutenant allemand durant la Première Guerre mondiale. Mais Otto Frank est un Juif, ce qui semble énerver Silberbauer. Il demande à Otto depuis combien de temps ils se cachent. « Deux ans et un mois », lui répond Otto. Silberbauer ne le croyant pas, Otto lui montre les traits de crayon dessinés sur le papier peint et qui indiquent de combien Anne et Margot ont grandi durant cette période.

En bas, l'époux de Miep, Jan, arrive comme à son habitude vers midi. Avant qu'il ait le temps d'entrer, Miep court vers la porte et lui annonce : « Il y a un problème ici. »

TROISIÈME PARTIE

Un bout du ciel

Miep et Bep ne sont pas arrêtées, mais M. Kugler et M. Kleiman le sont. Les 10 prisonniers sont ensuite embarqués dans un fourgon sans fenêtre et conduits au quartier général du Service de renseignements. Après le départ des nazis, Miep et Bep ramassent le journal d'Anne. Sans les lire, Miep place les carnets et les pages volantes dans le tiroir inférieur de son bureau. « Je les garderai en sécurité jusqu'à ce qu'Anne revienne », dit-elle à Bep. Elle garde aussi le châle qu'Anne posait sur ses épaules quand elle se coiffait. « Je ne sais toujours pas pourquoi je l'ai gardé », dira-t-elle des dizaines d'années plus tard. Le chat de Peter, Mouschi, avait disparu durant l'arrestation, mais il est revenu par la suite au bureau où Miep s'est occupée de lui.

Ce matin-là, quelqu'un avait téléphoné au Service de renseignements nazi pour déclarer que des Juifs se cachaient au 263 Prinsengracht. On n'a jamais su qui était à l'origine de la dénonciation. Peut-être un voisin. Des gens vivant ou travaillant tout près se doutaient qu'il y avait des clandestins dans l'Annexe; certains en avaient même la certitude. L'un des cambrioleurs aurait-il vu et dit quelque chose? D'autres personnes ont pensé qu'il s'agissait du responsable des bureaux qui avait trouvé le portefeuille d'Hermann. D'autres encore ont soupçonné une femme qui faisait le ménage dans les bureaux. Une théorie plus récente rejette la responsabilité sur un nazi néerlandais qu'Otto aurait connu avant la guerre.

M. Kleiman et M. Kugler sont envoyés dans un camp de prisonniers néerlandais. Après plusieurs nuits passées en prison, les Frank, les van Pels et le Dr Pfeffer sont emmenés en train vers Westerbork, à 130 kilomètres d'Amsterdam. Apparemment, durant le trajet, Anne aurait eu le nez collé à la vitre et aurait contemplé les champs et les animaux dans les prés.

Ils restent un mois complet dans ce camp. Anne doit travailler. À l'aide d'un petit burin, elle ouvre des batteries dont elle démonte toutes les pièces. Elle se salit tellement qu'elle ressemble à un mineur. Hommes et femmes vivent dans des baraquements différents, mais Anne arrive à voir son père et Peter à la fin de la journée. Elle est encore pétulante et gentille, diront plus tard certaines personnes, pas malheureuse.

Le 3 septembre, tous les clandestins sont embarqués dans le tout dernier train à partir de Westerbork en direction d'Auschwitz, un camp de la mort situé en Pologne. Le trajet effectué dans des wagons à bestiaux prend trois jours et trois nuits. À leur arrivée, Otto est séparé de sa femme et de ses enfants. Il se retourne pour les regarder une dernière fois et se dit en cet instant : *Jamais, de toute ma vie, je n'oublierai le regard de Margot.*

Un grand nombre de passagers sont gazés dès leur descente du train : ceux qui sont malades, ont moins de 15 ans ou ont l'air trop vieux. La famine, la maladie et le travail forcé attendent ceux qui n'ont pas été tués sur-le-champ. Edith, Margot et Anne ont la tête rasée et on leur tatoue un numéro sur l'avant-bras gauche. Dans le camp, tout le monde a des poux. Anne développe en plus une maladie de peau et elle est couverte de plaies.

Anne, Margot et Edith ne se quittent pas une seule seconde. Anne et sa mère redeviennent proches l'une de l'autre, dans ce lieu, le plus terrible qui soit. Une fille qui avait connu Anne à l'école la revoit à Auschwitz. Plusieurs années plus tard, elle se souviendra : « Elle était en révolte contre sa mère, mais dans le camp, tout cela a disparu complètement. »

Le 28 octobre, Margot et Anne sont envoyées à Bergen-Belsen, un camp de concentration allemand, mais pas officiellement un camp de la mort. Edith reste à Auschwitz et y meurt, le 6 janvier 1945, de faim, d'épuisement et de chagrin.

L'amie d'Anne, Hanneli, qui était déjà à Bergen-Belsen, est choquée d'y voir Anne alors qu'elle la croyait en sécurité en Suisse. Elle et Anne se parlent à travers une clôture en fils barbelés bourrée de paille. « Je ne pouvais pas la voir, dira Hanneli, car il n'y avait pas beaucoup de lumière. J'ai peut-être vu son ombre. » Anne lui dit que ses parents sont tous les deux morts, que Margot est très malade, qu'elle est gelée, qu'elle a faim et qu'elle a perdu ses magnifiques cheveux. Hanneli parvient à lui donner un peu de nourriture par-dessus la clôture.

Le 27 janvier 1945, Auschwitz est libéré par les soldats russes. Otto, qui a survécu, est désormais libre. (Et il commence à tenir un journal, sur un carnet de notes rouge que lui a donné un soldat russe.) Plus tard, Hanneli dira que, si Anne avait su que son père était encore en vie, cela lui aurait peut-être donné du courage. Le 15 avril, Bergen-Belsen est libéré par les soldats britanniques. Quelques semaines auparavant, Margot et Anne ont attrapé le typhus, une maladie très contagieuse qui se répandait dans le camp. Margot est morte entre la fin février et la mi-mars. Anne est morte quelques jours après.

§♦

Les Allemands se rendent le 8 mai, ce qui met fin à la guerre en Europe. Six millions de Juifs sont morts, dont un million et demi d'enfants. La population juive des Pays-Bas a été particulièrement touchée. Avant la guerre, on comptait 150 000 Juifs dans le pays. Après la guerre, il n'en reste plus que de 20 000 à 25 000. Parmi les amis d'Anne, Hanneli, Kitty, Jacque et Hello ont survécu. Des huit clandestins cachés dans l'Annexe, seul Otto a survécu. Plus tard, il retrouvera Hanneli, qui est devenue orpheline. « Il est devenu mon père », dira-t-elle un jour.

À son retour à Amsterdam, en juin, Otto découvre que M. Kleiman et M. Kugler ont survécu au camp de prisonniers. Il se rend dans les pièces vides de l'Annexe (elles avaient été « pulsées » après l'arrestation des clandestins). Il trouve, sur le plancher, trois haricots bruns, provenant du sac de

Peter qui s'était déchiré. Otto gardera ses trois haricots toute sa vie.

Otto apprend par un ami la mort d'Edith. Il n'a pas de nouvelles ni de Margot ni d'Anne. Le 12 juin, c'est le seizième anniversaire d'Anne. Toujours pas de nouvelles. En juillet, il découvre le nom de ses filles sur une liste des victimes établie par la Croix-Rouge. « Margot et Anne ne reviendront pas », annonce-t-il à Miep. Celle-ci ouvre alors le tiroir de son bureau et lui remet le journal en disant : « Voici ce que votre fille vous a laissé. »

§§

Otto n'en revient pas. « Je n'ai appris à la connaître réellement que par son journal, dit-il. Elle n'a jamais vraiment exprimé ce genre de sentiment intérieur. » Et, s'adressant à Miep, il ajoute : « Qui aurait pu imaginer ce qui se passait dans ce petit cerveau vif? » Miep reconnaît, elle aussi, leur erreur : « Nous ne savions pas à quel point elle était intelligente. »

Après avoir longuement réfléchi, Otto décide de publier le journal d'Anne pour honorer sa mémoire, exaucer le souhait de sa fille de devenir un écrivain publié et partager avec le monde entier ce document sur la guerre. Il espère surtout que les jeunes voudront le lire. Il compile une version du journal basée sur le journal original et sur le journal réécrit. Il retire certains passages qu'il trouve trop personnels (ces passages ont été réintroduits depuis). En 1947, un petit nombre d'exemplaires sont imprimés aux Pays-Bas, intitulés *Het Achterhuis* (La Maison de derrière). En Amérique, l'ouvrage est publié en 1952 sous le titre *Anne Frank: The Diary of a Young Girl* et obtient un succès phénoménal.

Une pièce de théâtre sur Anne est mise à l'affiche à New York en 1955 et remporte le prix Pulitzer. Un peu plus tard, Miep verra la pièce de théâtre à Amsterdam et dira : « C'était une expérience très étrange. J'espérais toujours voir mes amis arriver sur la scène. » Anne, la fille qui rêvait d'aller à Hollywood, est le sujet d'un film réalisé à Hollywood en 1959 et, quelques années plus tard, d'un téléfilm. En 1996, le documentaire intitulé *Anne Frank Remembered* obtient un Oscar. Quand le réalisateur vient chercher sa récompense, Miep est à ses côtés. Miep sera aussi faite chevalier par la reine des Pays-Bas.

À la fin des années 1950, les vieux immeubles abritant le bureau d'Otto sont vides. Avec l'aide de citoyens néerlandais, Otto Frank crée la Fondation Anne Frank destinée à sauvegarder les bâtiments et à en faire un musée. Le marronnier qui était en train de mourir est sauvé, lui aussi. Selon le souhait d'Otto, la fondation a également pour objectif d'éduquer les jeunes sur les dangers de la haine et du racisme. Otto meurt en 1980 à l'âge de 91 ans. La fondation poursuit son œuvre auprès des jeunes du monde entier.

§§

Des écoles et des rues portent le nom d'Anne Frank. Et, juste au-delà de Mars, il existe un astéroïde de huit kilomètres de diamètre, en orbite autour du soleil. Dans le cadre des célébrations du cinquantième anniversaire de la fin de la guerre, on a baptisé officiellement cet astéroïde 5535 Annefrank. Le 13 juin 1944, Anne avait écrit dans son journal : « Le soir obscur et pluvieux, le vent, la course des nuages me fascinaient; pour la première fois depuis un an et demi, je revoyais la nuit en tête à tête. » Et voilà qu'un bout du ciel porte désormais son nom.